I will live as "me"

18 hints for to abandon a hesitation, and one step to step forward

わたしは「わたし」で生きていく

迷いを捨て一歩踏み出すための18のヒント

青山絵美加　安藤祐子　石井恵　一村彩子　植村ゆき絵
大久保美伽　小野望　木下温代　桐生由美子
小宮悦子　志田さおり　鈴木香葉子　瀬良田尚美　一木里美
水口智恵美　宮脇かおり　吉田容子　六本木佳代子

Rashisa

わたしは「わたし」で生きていく
迷いを捨て一歩踏み出すための18のヒント

プロローグ

私達を取り巻く社会は、かつてないほど多様化しています。常識にとらわれることが減ったことで、生きやすくなった、という人もいるでしょう。

その一方で、自分らしさを認めてもらえず、多様な価値観に戸惑いを感じる人もいるはずです。そして、誰しも一度はこう考えたことがあるのではないでしょうか。

「本当に大切なこととは何か?」
「何のために生きているのか?」

しかし、この問いを追求していくうちに、多くの人がある壁にぶち当たります。

それは、「わたしらしさ」とは何か、という根本的な疑問です。

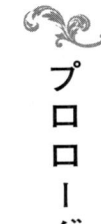

特に、新しいことにチャレンジしようと考えた時、その疑問は一層強く胸に迫ります。周囲の目を気にしたり、社会のレールから外れることを恐れたりすると、自分らしさを一気に見失ってしまうでしょう。

そんな時は、心のざわつきや「違和感」を無視しないでください。自分と向き合い、心の声に耳を傾けることで、本当の自分に気づき、一歩踏み出す勇気が湧いてくるはずです。

本書に登場する18人の女性達は、その壁に直面しながらも「わたしらしさ」を見つけ、起業という一歩を踏み出しました。

彼女達の共通点は、内なる声を無視せず、自分を信じる力を失わなかったこと。「こうあるべき」ではなく、「こうありたい」という思いに忠実に従って生きてきたのです。

正直、これは簡単なことではありません。

特に、急激なスピードで変化する昨今、「何を基準に生きるべきか」迷うのは当然です。

この本を手にしたあなたも、自分探しの迷子に陥っているかもしれません。将来に漠然とした不安を抱き、自分が何者か分からなくなった経験も、1度や2度ではないかもしれません。

そんな時こそ、本書に登場する18人の物語を通じて、自分の可能性に気づいてほしいのです。

この本を読めば、彼女達が完璧なのではなく、迷い、苦しみ、葛藤しながらも果敢に前へ進んできたことがわかると思います。

一人ひとりの物語を通じて、「何歳からでも新たな道を切り開いていける」というメッセージを受け取ることができるはずです。

大切なのは、他人の期待や社会の基準に縛られず、自分が何を望み、どう生きたいかを心に刻むこと。そして、その願いを実現するために行動することです。

あなたらしい人生の旅は、ここから始まります。迷いを捨て、わたしらしく生きるヒントを、この本で見つけてください。

Rashisa（ラシサ）出版編集部

Contents

わたしは「わたし」で生きていく
～迷いを捨て一歩踏み出すための18のヒント～

マイナス体験をプラスに変えた
アート思考との出会い。
子どもの主体性を育む
スクール誕生秘話

株式会社メイビス 代表取締役
教育事業／イベント／展示企画運営
青山絵美加

アパレルからエステ業界へ転身。
悩みを力に変えて、
自分らしい輝きを手に入れた
エステサロンオーナーの熱き想い

ESTHETIC CARINA 代表
エステ／エステ講師／商品開発

安藤祐子

美容師挫折からの逆転！
「自分を信じて行動しよう」をモットーに
３つの事業を展開し、
時間とお金に縛られない
人生を叶えた成功の極意

hair & eyelash salon CHARME 代表
株式会社MIWAKU 代表取締役

石井恵

音楽科教諭から犬のトレーナーへ
全国初犬の総合施設を展開
犬と人が共生する社会を目指し
命の尊さを問う！

株式会社ベリーのおうち 代表取締役
ペット（犬の総合施設）
一村彩子

世界最高の支援者になる！
元ギャルサークル所属のフリーターが
障がい者福祉施設を経営
成長のプロセス

スノーリンク株式会社 代表取締役
福祉事業
植村ゆき絵

父の死をきっかけに
家業を継ぐことを決意。
業界唯一！競りの出来る
女性社長の苦悩と奮闘、
会社を継続させる覚悟がここに！

有限会社新橋イチカメラ 代表取締役
中古カメラ小売ＥＣ業
木下温代

手頃で健康に貢献する
製品を届けたい！
会員数９万人超えを誇る
ネットショップ秘話と
ものづくりへの想い

株式会社シルクふぁみりぃ 代表取締役
衣料品の企画／製／小売業
桐生由美子

人生１００年時代の
働き方・生き方とは？
働く世代の健康づくりや
保険外看護サービスに挑む
女性経営者ストーリー

株式会社フリーステーション 代表取締役
在宅介護事業／ヘルスケア事業

小宮悦子

生死の境をさまよう闘病生活を経て
美容業界30年のキャリアを積む
美のエキスパートが伝える
美しく生きる秘訣

株式会社スマイリー 代表取締役
美容

志田さおり

好きなことをやりたい！
と思い続け、夢を実現。
雑貨店誕生秘話と
30年以上継続できた秘訣

有限会社ドゥプレーヌ 取締役
雑貨店／小売業
鈴木香葉子

「アートデザイン書」に魅了され、
起業を決意
直感に従いながら
自由に楽しく
人生を描いてきた先に！

Art Factory「N-vague」代表
アートデザイン書道作家
瀬良田尚美

海外で働く夢が叶うも
初任給５０００円
栄養失調、野草を食べる生活、
どん底を経験して気づいた
人生で大切なこと

Beauty Salon Lianje 代表
ネイルスクール・ネイルとアイブロウのサロン運営／Webデザイン／化粧水開発／海外事業展開

一木里美

人はいくつになっても
進化・成長できる！
経験値も人脈もお金もない
ごく普通の主婦が、
片付けのプロとして輝き始めた奇跡

COPコンサルティング 代表
整理収納コンサルティング運営

水口智恵美

離婚、がん発覚、
元夫の借金と病気……
逆境を乗り越え
ポジティブに生きる
女性経営者の奮闘記

familie 代表
宿泊業／運送業
宮脇かおり

宝石と出会いどん底から
大きく好転
ご縁に導かれて
次々に願いを叶える
シングルマザーの逆転人生

CREA ROSE JEWELRY 代表
宝石販売
吉田容子

システム開発会社を起業し、
数々の事業を展開
38年の経営者人生から学んだ
マインドと困難の乗り越え方

OPENER Management株式会社 代表取締役
人材コンサルタント業
六本木佳代子

株式会社メイビス 代表取締役
教育事業／イベント／展示企画運営

青山絵美加

マイナス体験をプラスに変えたアート思考との出会い子どもの主体性を育むスクール誕生秘話

Profile

1991年山梨県生まれ。富士山麓の自然の中で育ち、地元の高校中退後、上京。自分らしい生き方を模索するなかで、さまざまな職業を経験し、デザイナーとなる。結婚、出産を機に、デザインやアートを子どもの教育に役立てたいと考え、2018年に「アートルームルミエール」を開業。現在は、沖縄、神奈川、山梨の3拠点生活をしながら、アートやデザイン、子ども、イベントなどに関連する事業に取り組む。

1日の
スケジュール

Morning

7:30　起床、SNSチェック

8:30　Slackチェック

9:00　仕事開始・アポイント先訪問

12:00　ランチミーティング

17:00　作業を終え会食

22:00　帰宅・入浴

23:30　就寝

Evening

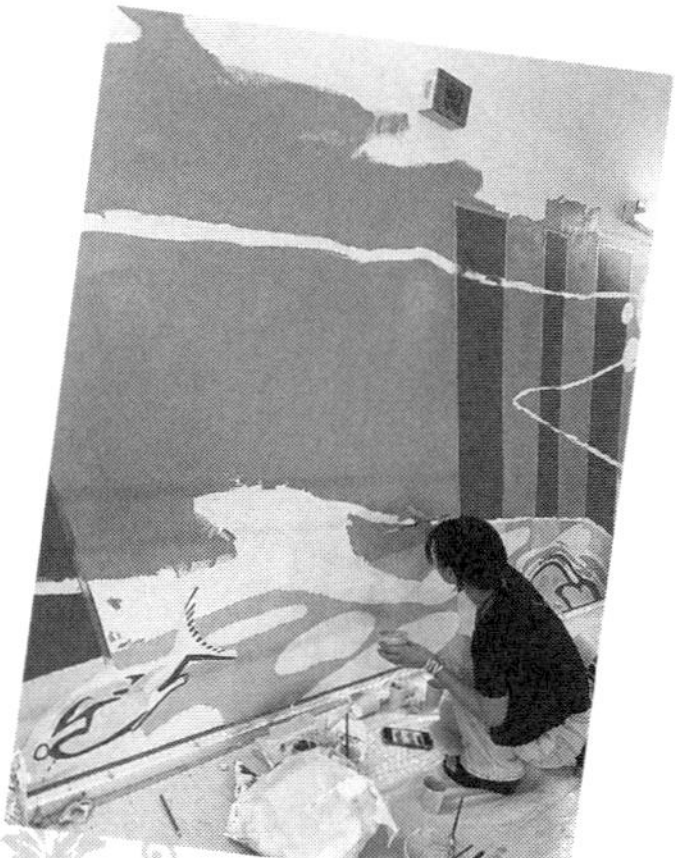

辛かったマイナス体験は生きる原動力となる

ずっと生きづらさを感じていた子ども時代。大人が押しつける「こうあるべき」という考え方を受け入れられず、聞き分けの良い子にはなれませんでした。小学校の生活評価では「落ち着きがない、忘れ物が多い、整理整頓ができない」と6年間指摘され続け、自己肯定感は次第に下がっていきました。「何をやってもどうせ自分にはできない」、そんな思い込みも人一倍強く、チャレンジ精神をもった記憶がありません。

それを象徴するエピソードで思い出すのは、小学校のマラソン大会です。走ることが苦手で、1年生から6年生まで歩いてゴールするほどのやる気のなさ。中学1年の時、一度だけマラソン大会で全校1位を獲得するという驚くべき結果を残したものの、この時はたまたま1位を取れただけで、「私はダメな人間なのだから期待しないでほしい」というのが本音でした。1年生が全校1位になることはまれで、先生達から3年連続で1位を取れると期待されるのが嫌でたまらなかったのです。当然、2年、3年のマラソン大会は頑張ることなく終わってしまいました。

ただ裏を返せば、周囲の期待を裏切って失望されるのが怖くて、極度のプレッシャーを感じていたのです。

勉強も苦手だった私は、テストの点数も常に赤点。かろうじて高校に進学するも中退しました。面白いと感じる科目もありましたが、なんのために学んでいるのかわからない授業が多く、卒業して会社員になるのが当たり前のような敷かれたレールに乗るのも耐えられなかったのです。

高校を中退してからはすぐに実家を出て、さまざまな仕事を経験しました。しかし、生きるために働いているだけでやりがいはなく、どんな仕事に就いても長続きせず劣等感が募っていくばかりでした。

そんな幼少期の影響もあり、18歳になった頃に「境界性パーソナリティ障害」(対人関係の不安定性および過敏性、自己像の不安定性、極度の気分変動など)との診断を受けました。その頃は、感情のコントロールができず、自分は社会に必要のない人間だと悲観的になってしまい、誰かに依存しなければ生きていけないほど、非常に不安定な状態でした。オーバードーズ(薬物の過剰摂取)やリストカットなどの自殺未遂を繰り返し、親友にさえその事実をひた隠しにし、「完璧な人間」を演じながら生きていました。

しかし、心の内側では「この状況をなんとかしなければ」と、必死でもがいていたのです。

そんなある日、子どもの頃から好きだったアートやデザインを仕事にできるチャンスが巡ってきました。これを機に、やっぱりアートとデザインが好きだと気づき、真正面から自分の本音に向き合うことができたのです。

ちょうどこの頃、結婚し子どもにも恵まれ、子育てを通して人生が大きく変わる出来事にも出会います。それは、娘が近所のモンテッソーリのプリスクール（幼児を対象に英語教育を行う施設）に通い始めた頃、「子どもにとって本当に価値のある学びはなんだろうか」と、考えはじめたのがきっかけでした。

この子は「日本特有のこうあるべきという教育には合わないだろうな」という考えがふと頭をよぎり、型にはめる教育ではなく、「個性を活かした教育方法が良いのでは」と感じたのです。

そこからは、いろいろなプリスクールを試してみることにしました。すると、子どもの個性や年齢によって最適な教育方法が異なることがわかり、ますます教育への関心が高まっていきました。

そして、「大好きなアートを活用したスクールを開校したい」という思いが次第に大きくなり、ついに現在横浜を拠点に運営しているアート思考スクール「アートルームルミエール」を起業する決意をしたのです。

ピンチは「人間万事塞翁が馬」で乗り切る

理想を掲げて起業したものの、当時はアート教育に対する理解者が少なく、習い事で人気なのはロボット、プログラミング、英語などでした。アートは敷居が高く、「優先順位が低い」というのが世間からの評価だったのです。

開業したアートスクールは通常のスクールとは違い、子どもの主体性や実行力を育むためにプログラムやカリキュラムなどがありません。過去に事例のない活動に、銀行から融資を受ける際は苦労しました。

「なぜ今の世の中の流れでアートなのですか？」とか「カリキュラムがないスクールは一般的じゃないですが大丈夫なのですか？」と担当者から指摘を受けていました。

しかし、世界の教育の流れや、今後の日本にもアート感覚を持つ人材が必要になる根拠などを力説した結果、なんとか６００万円の開業資金を借りることができたのです。

「スクールを開校できる！」と、希望の光が差した瞬間でした。

その後は、融資を元に雨漏りしそうな古いテナントを契約し、そこで寝泊まりしながら開業の準備を始めました。振り返れば、当時の私は良く言えば非常に頑張り屋で人に頼ることを知らずに、ひたすら一人で走り続けていました。というのも、ただでさえ自己肯定感が低いのに、不安な気持ちを誰かに打ち明けてしまったら、張り詰めていた糸がプツンと切れて精神崩壊してしまいそうだったからです。そんな心の状態はしばらく続き、感情にフタをして弱音を吐かずに頑張り続け、無理解な人達から何を言われようとも自分だけを信じ抜きました。

子育てに関しても、「楽をしてはいけない」という固定観念に捉われ、理想ばかりを追い求めていたと思います。寝ずに働いて、雨風のなか子どもを自転車で迎えに行き、帰り道には必ず森林公園で季節に合わせたアートをやったり、ティンカリングと呼ばれるさまざまな素材や道具、材料などを探しに冒険に出かけたり、とにかく日常のなかにアクティビティを詰め込むことが正解だと信じて疑いませんでした。

しかし、次第に仕事と子育てとのバランスを取るのがむずかしくなり、さらに第2子を授かった時は、現場の仕事をスタッフに任せるしかない状況に追い込まれてしまいました。

完璧主義の私がこれまで一人でこなしてきた業務を他のスタッフに任せることは、とてつもなくストレスがかかることです。頭のなかで描いてきた構想をアウトプットしてカタチにしてきた事業だったため、自分でやったほうが早くて確実と感じることがいくつもありました。仕事を任せたことで、頭を抱えるような問題が起きるのも日常茶飯事です。しかし、ここで「自分でやってしまったら幅が広がらない」「任せた方が想像以上に出来がいい」と人に頼ることのメリットを挙げて、一つひとつの課題を解決するため地道に取り組んできました。

ここまでの経験を通して言えることは、相手を信じて見守る姿勢が大切だということです。それはスタッフの育成だけでなく、子ども達の教育にも同じことが言えます。たとえば前にも触れたとおり、カリキュラムやプログラムをあえて作らないことで、横から口出ししなくとも子どもは自ら考え行動するようになります。正直、事業が軌道に乗るまでは多くの時間がかかりましたが、次第に組織をマネジメントするコツがつかめるようになると、会員数も順調に伸びていきました。

そんな矢先、借りていたテナントで想定外の事件が起きたのです。それは、大雨の後に大量の雨水が教室にザバッと滴り降りてきたことでした。雨が降るたびに土砂降りレベルの雨漏りが発生し、特に梅雨時期には教室内が水浸しになる緊急事態が何度も起きました。テナントを借りている不動産会社に相談しても、保険会社任せで親身に対応してもらえず、損害を算定するまでは何もできない状況に。このままではスクールの無料体験を再開できないばかりか、既存のお客さまも離れてしまう可能性もあり、創業以来の最大の危機を経験したのです。

そこで運営存続の危機に追い込まれた私は、悩み抜いた末にテナントの修復を待たずに引っ越しを決意しました。幸い、最寄りの駅前のビルに理想に近いテナントが出てきて、物件探しには苦労しませんでした。

この時、「幸運の女神には前髪しかない」ということわざ（向かってくるときに摘まなければならない）がふと浮かびました。そして、後先の資金は考えずそのテナントに賃貸の申し込みをした結果、無事に審査が通りテナントを借りることができたのです。当時の事業規模としては広すぎる坪数で、内装リフォームの投資も必要だったため、契約すべきか迷いもありましたが、結果、今では部屋が狭いくらいに会員数が増え、事業は右肩上がりに成長しています。

これまで、さまざまな問題や課題にぶち当たりましたが、そんな時に意識している言葉があります。それは、「人間万事塞翁が馬（にんげんばんじさいおうがうま）」という中国の前漢時代の哲学書に記されたことわざです。要約すると、一見して幸福なことでもそれをきっかけに不幸に陥るかもしれないし、逆に不幸がきっかけで幸福が舞い込むかもしれないという意味です。自分の身に起こる幸や不幸には、安易に喜んだり悲しんだりせず、ドンと構えておくことが大事です。

この言葉には、仕事だけなく、プライベートでも助けられています。

「アート思考」は自分らしく生きるヒントになる

アート思考は人によってさまざまな解釈がありますが、私は「自分なりのものの見方をする」という、いわば哲学的思考と考えています。大半の人は考える時、合理的かつ論理的に損得勘定で物事を判断しがちです。自分が感じたファーストメッセージをなおざりにしていると思います。

このような左脳（言語や計算力、論理的思考をつかさどる脳）優位になってしまうと、「こうあるべき」という考えが強くなってしまうものです。

実際に、真面目な人ほど「自分は何をやりたいのか」わからなくなり、迷子になることが少なくありません。

そうなる原因は、「例に従え」という受動的な日本教育にあると思っています。他にも、学校では全員が同じレベルを目指すよう指導されるのが前提となっています。たとえば、合格するまで何度もテストをしたり、得意・不得意関係なしにまんべんなく成績を伸ばさなければならなかったり。成績が悪ければ「おちこぼれ」のレッテルを貼られてしまいます。

しかし、これからは、自分の「やりたいこと」と「やりたくないこと」を見極め、「え、なんで？」と常識に疑問を持つことが重要です。そこから自分なりの正解を導き出し、幸せに生きるための基礎を育くんでいかなければ生きづらさを感じるでしょう。

変化の激しい今の時代は、もはや常識はあってないようなものです。実際に、かつての常識が通用しなくなっていることを痛感している方も多いのではないでしょうか。ジェンダーやライフスタイルなど個人の経験や価値観が多様化していくなかで、正解は自分のなかでしか見いだすことができなくなっていきます。

そんな世の中の変化を柔軟に受け入れ、「自分なりのものの見方をする」ために役立つのが、まさに「アート思考」だと考えています。自分軸で想いを形にしていくアート思考は、実は人間が幼い頃に誰でも備わっている本来の力なのです。

現在、子育てサロンをとおして、親子向けアート思考講座を開催させていただいているのですが、そのなかで、「アート思考は5歳児になること」と、お伝えしています。

それは、柔軟な思考を邪魔する過去の経験で刷り込まれた固定概念を捨て去ろうという意味です。そして固定概念を壊すのに最適なのが「問い」を立て続けることだとお伝えしています。

「なぜそれをする必要があるのか？」「本当にそれは必要なこと？」「今までAだと思い込んでいたものが実はBなのではないか？」「私が本当に望んでいるものは？」

こうして、自分の考えを掘り下げていくことが固定概念を壊すトレーニングになります。

大人になってからでも思考は変えられるものです。つまり、年齢を理由に諦めなくても大丈夫なわけです。

日頃からフットワークを軽くし、自分のやりたいことや、やったことがない分野にもチャレンジし、「できた！」という小さな成功体験を積み重ねていくことが生きる楽しみになります。

やりたいことがまだ見つかっていない方は、興味のある場に足を運んでみる。素敵だなと思う人に会ってみる、などがおすすめです。

柔軟な考えで物事を選択していける社会の雰囲気を作っていくために、まずあなた自身から、「役割」や「常識」にとらわれず生きてみませんか。

「問う」ことで固定概念がそぎ落とされる

アート教育を通じて日本の教育の実態が見えてきたことで、また新たな挑戦に取り組んでいます。それは、親と子それぞれに「世の中にはさまざまな生き方がある」と知ってもらう機会を作ることです。

そこで、イベントを全国開催することを目標に、２０２２年に「コドモジブンケンキュウ実行委員会」を立ち上げました。このイベントでは、社会の型にはまりきらない子ども達が「ダメな子」というレッテルを貼られ、自尊心をなくしてしまわないよう、自由にいきいきと働いている人達と出会う場を提供しています。

この企画は多方面から大好評で、子どもが自分で手がけた作品を売り、お金を稼ぐ経験を通じて、モノづくりの楽しさを知ってもらうことを目的としています。同時に、自己肯定感の育成やコミュニケーション力の向上など、子どもの非認知能力を育むことにも期待が寄せられています。

正直、アートスクール事業にしても、イベント事業にしても、社会の問題解決を図る「ソーシャルビジネス」を収益化することは時間もかかりますし、むずかしいのが現状です。

しかし、本質的なニーズを捉えているかぎり、必ず事業的にも採算に乗ると信じています。まだ立ち上げたばかりで運営資金を個人で投資している段階ですが、コンセプトに賛同し参加してくださるアーティストやスポーツ選手も増えてきています。

今後は、「コドモジブンケンキュウ」を首都圏や関西圏といった大都市だけでなく、私の故郷である山梨や現在住んでいる沖縄でも開催することが目標です。

子どもの頃から多角的なものの見方をするクセをつけ、「自分の哲学や価値観を持てる大人になってほしい」という願いを込め、将来的にはフリースクールを構想予定です。

子どもの頃の私は、質問した「なぜ？」に答えられない大人に対して不信感を感じていました。

「そういうものだから」、「それがルールだから」、「皆がそうしているから」という説明をする大人にはなりたくない、と子ども心に痛感していたのです。それもあって、大人と子どもの垣根をなくし、対等に学び続けられる場を作りたいと思うようになりました。そして今は、教育格差、体験格差も解決していく仕組み作りができることを理想としています。

こうして教育事業やイベント事業を通して、自分のやりたいことや理想を追求している傍ら、家庭を持ち、2人の子どもの母親としての役割も担っています。だからこそ、同じように子育て中に新たなチャレンジをしたいと考えている方や、今の自分にはできないと思い込んでしまっている方を応援したいと思っています。

一歩踏み出せない方にも、まず「問い」を立てることをおすすめします。「できないと思っている理由は何か？」「今やらなかったらどうなるのか？」、それに対する回答にも問いを立て続けることが大切です。たとえば、「失敗が怖いからできない」→「なぜ失敗が怖いのか？」→「なぜ失敗したらダメだと思うのか？」というように、問えば問うほど余計なものが削ぎ落とされ、本音が表に現れてきます。そうすれば、「よし、やってみよう」と行動に移せるかもしれません。試練は誰にでも起こるもので、壁を一つ乗り越えたとしても、また次々やってくるでしょう。

この本を読んでいるあなたも、どの道を選ぶのか迷ったり、足がすくんで身動きが取れなくなったりすることもあると思います。そんな時は、「自分が輝けるコトやモノはなんなのか」と原点に立ち返るのです。他人軸に偏ることなく自分であり続けられる、そして輝き続けられる、そんな人が増えることを心から願っています。

私も、仕事仲間でもある友人と、「キラキラしたおばさんになろうね」とよく話しています。ママだから、女性だから「〇〇してはいけない」という固定概念を手放すことが大事です。自分のやりたいことにチャレンジしている姿は、きっと周囲の人を勇気づける力になるでしょう。

Message

あなたへの
メッセージ

自分にとっての正解を見つけるためには、
モヤっとする違和感を見逃さないこと。
一度立ち止まり、
その原因を深く掘り下げてみましょう。
「なぜ？」と問えば問うほど、
違和感となっている根本的な原因に
たどり着けます。
たとえば、「好きか嫌いかで選んでみる」
そんなシンプルな考え方が、
目標に近づく近道なのです。

青山絵美加さんへの
お問合わせはコチラ

ESTHETIC CARINA 代表
エステ／エステ講師／商品開発

安藤祐子

アパレルから
エステ業界へ転身
悩みを力に変えて、
自分らしい輝きを
手に入れた
エステサロンオーナーの
熱き想い

Profile

愛知県豊田市出身。大学卒業後、学生の頃から憧れていたアパレルメーカーに就職。9年間第一線で活躍し、店長も務める。その後、結婚。長男出産を機に自分の人生を見つめ直し2019年5月、エステサロンを開業。試行錯誤を繰り返した結果、たった半年でリピート客がほとんどいなかったサロンから予約3カ月待ちのサロンへ一新。サロン経営の傍ら、注目の毛穴エクストラクション認定講師、皮膚講習なども務める。2023年3月、独自で開発した毛穴ジェルパック「ウルティブライト」を発売。全国のサロンで取り扱われ、大反響を呼んでいる。

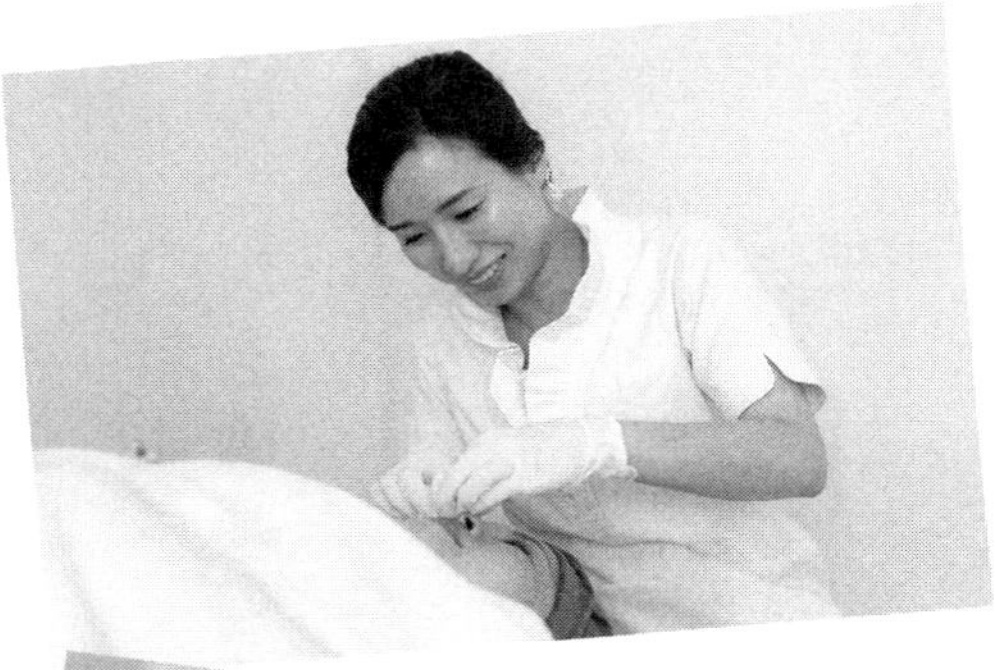

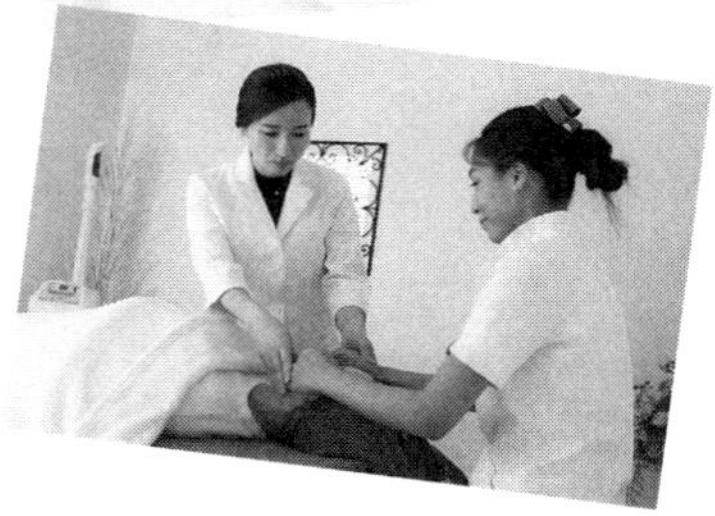

1日の
スケジュール

Morning

4:00 起床

4:30 皮膚理論や経営などの勉

7:00 一日のスケジュール作り

7:00 身支度、家事、朝食

8:30 子どもを保育園に送る

9:00 出社

10:00 サロンワークや講習

19:00 子どものお迎え

19:30 家事、子どもの寝かしつけなど

23:30 残務

1:00 就寝

Evening

お客様のコンプレックスから起業を決意

街の中心部にある百貨店のなかで、ひときわ目立つ某人気ブランド店。そのブランド店との出会いこそが、今のビジネスのスタートラインでした。

中学生の時、雑誌に載っていた素敵なブランドの服に一目惚れした私は、「いつか、この洋服屋さんで働きたい」と願うようになったのです。心を寄せる気持ちは高校、大学へと進学しても色褪せることなく、大学卒業後、念願だった憧れのブランド店で働けることになりました。

それからというものブランド店での仕事が生きがいとなり、9年間とにかく走り続けてきました。はじめは純粋に、大好きなブランドへの憧れの気持ちが強かったのです。しかし、いつしか「洋服を購入されたお客様に、自分自身が感じたわくわく感を伝えたい」と真剣に考えるようになっていました。上質でこだわり抜かれた洋服を着た時のスッと背筋が伸びる感じや、ふと鏡に映る自分がいい感じだった時の心踊る気持ち、仕事が終わってまっすぐ自宅に帰るのがもったいないと感じるようなときめきを提供できる、そう信じて疑いませんでした。

しかし、現実は少し違ったのです。ご来店されたお客様が、とても悲しい表情をして落ち込んで帰ってしまう姿を度々目の当たりにしたのです。

その理由を私なりに分析した結果、まずは服のサイズが合わないこと。また、小さなお子さま連れの方だと「え！　私ってこんな風に見えるの？」と、普段自宅で見慣れた自分と、お店の鏡に映る自分とのギャップに驚いてしまうことです。たしかに場所によって人の印象や見え方は違います。この気づきが、私の心を大きく動かしました。

私がお客様に提供したい自信や前向きな気持ちは「自分というベースが整っていないと叶わないのでは？」と気づき始めたのです。

そんなある日、洋服が似合うためには、自分の理想とするお肌や体型でいることが必要だと思ったのです！　それには「エステだ！」とひらめきました。

とはいえ、エステを始めるには勇気と覚悟が必要です。せっかく中学生の頃から憧れていたブランド店で働くことが実現し、先輩や上司もとても愛情深い方ばかり。お客様もたくさん付いてくださり、店長にまで昇進していたので、心を大きく揺さぶられました。正直、畑違いの仕事に就く自信のなさや不安もありました。

一方で、その頃の私は仕事に対してある一つの思いがありました。それは「がむしゃらに働いて結果を出す分、昇進してしっかり稼ぎたい」ということ。正当な評価を受けたかったのです。しかし、会社員である限り、納得のいく評価や対価が出ることは少ないのではないでしょうか（そんな会社ばかりではないと思いますが）。

実際に、評価や給与面のことでいつも上司と喧嘩をしていました。大好きな仕事のはずなのに、商品やお客様、スタッフにも恵まれているのに、働いても働いても虚しさが湧き出てくるのです。気づけば人相までもが悪くなり、いつも愚痴をこぼしてばかりいました。

挙句の果てには「アパレルなんてやらずに美容の道に進めば良かった」と、自分の積み上げてきた過去まで否定する始末。しかし、自問自答していたある日、「毎日会社の人と喧嘩して愚痴ばかり言って不満があるのに、会社にしがみついている自分ってかっこ悪いな」と、心の底から感じたのです。自分の心が豊かでなければ、どんな仕事に就いても人を豊かにすることなどできません。

それに気づいてからは、「他人に何かを求めるのではなく、自分の人生を自分でコントロールしよう！」と考え方を切り替えたのです。そんな思いを抱いて間もなく会社に退職の旨を伝え、覚悟を決めて数百万円のエステ機器を契約しました。

とにかく、自分を嫌いになりたくなかった。「自分自身で好きな自分を作り上げていこう」と決意したのです。

いつも他人や環境のせいにしてばかりだった

中学生の頃から憧れ続け、20代のすべてを捧げたアパレル会社を退職し、サロンオープンまではとてもスムーズでした。知人のネイルサロンオーナーさんが場所を貸してくださり、マッサージの施術や筋肉、ツボなどの知識は、エステティシャンを辞めて間もない友人が講習をしてくれました。集客のために苦手だったインスタグラムを始め、集客サイトにも掲載し「1カ月後には満席サロンになるだろうな」と意気揚々と開業の準備を進めていたことを思い出します。何より、アパレル時代に接客の経験を重ね、誰よりも売ってきた自信もありましたし、しかも全国的に大人気のマシーンを導入し技術も学んでいたため、すべてが順調のように感じていたのです。

しかし、私の予想は完全に甘かったのです。サロンオープンまでは順調だったものの、約半年間はリピート客が定着せず、集客サイトを通して予約が入ったご新規様をポツポツ接客する日々が続きました。しっかり結果を出し、口コミでは高評価をいただいているのに、再来店がほとんどゼロ。当時まったく知名度のなかった「毛穴エクストラクション」という1回で驚異的な変化のでる毛穴ケアを東海エリア初導入したことで、お客様の反応は良かったはずなのに、リピートはほぼなし。お客様のお肌を本当に改善したくてご提案したスキンケアも、購入につながることがほとんどなく、いつも葛藤を抱えていました。

そんななか、私はある思いを抱くようになったのです。それは「やっぱりド田舎だけに、お客様の意識が低い」ということ。最低ですよね。でも当時の私には、なぜリピートされないのか、スキンケアが売れないのかを、まったく理解できなかったのです。それでうまく行かない理由を、県民性や地域性、お客様のせいにしていたわけです。まさに、ネガティブスパイラル状態に陥っていました。

当然売上は伸びず、毎月赤字続きでした。当時、状況を見兼ねた夫からは「来月も同じ売り上げならもう閉業したら?」と言われ、夜中に大喧嘩をしたこともありました。なんでお客様のために良かれと思ったことをやっているのに、誰もリピートしてくれないのか、商品を買ってもらえないのかと絶望の日々が続きます。

しかし、とうとうお金が底をつき極貧生活になり切羽詰まったある日、もう一つ大切なことに気づいたのです。

それは、お客様はエステに行かないのではなく「私のエステに行かないという選択をしただけ」であり、スキンケアも「私から買わないだけだ」ということです。確信に触れた瞬間でした。

「そうか。私が選ばれるエステティシャンではなかったんだ」と気づいた時は、お客様に申し訳なくて涙が止まりませんでした。そこからは、どうしたら選ばれる自分・サロンになれるか考える毎日を送っていました。サロン開業から、一番悩み苦しんだ日々だったと思います。

一方で、自分と向き合えるかけがえのない時間でもありました。なぜなら、しっかりとした知識を身につけてお客様一人ひとりにより的確なアドバイスができる「お肌の先生になろう」と決意できたからです。

そこから約3年間は睡眠時間を削って勉強を続け、少しずつお客様との信頼関係や絆を構築していきました。

結果、開業当初リピート客がほとんどいなかったサロンは、3カ月先まで予約が埋まるサロンにまで成長することができたのです。

これまでの経験を通じて言えることは、他人の思考は変えられないということ。変えられるのは自分だけ。だから何があってもまず「自分」を見つめ直す！　時に辛くても。自分と本気で向き合いコツコツ行動することがいつか花開く。

お金を理由に「やる・やらない」を決めない

お肌について無我夢中で学び、取扱い商材も増やし、全力で走り続けた3年間。その間には新型コロナウイルス感染症や、第2子出産などさまざまな出来事がありました。しかし、どんなに大変なことがあっても、嘆かず他人のせいにもしない、すべては自分の考え方次第ということを学んでいたので、営業自粛中は学びに時間を費やしました。次男出産で2カ月仕事を休んだ時は、借りていたネイルサロンを離れ、自分のお店を持つことへも挑戦。いつしか「誰も来ないサロン」から素敵なお客様であふれるサロンへと一変し、毎日がとても充実するようになったのです。

その時、ふと思い出したことがあります。それは、「あぁ、はじめての出産のあと大変過ぎてずっと泣いていたなぁ」ということ。もちろん、長男はかわいくて大切な存在ですが、育児は予想をはるかに超える忙しさだったのです。出産直後でへとへとなのに、夜中ずっと泣き続け、一晩中抱っこと授乳。布団に置くと泣いてしまうので、日中もほとんど抱っこしていなければなりません。お風呂も秒速で入り、その後もスキンケアやドライヤーをする間がなく、子どもの着替えと授乳の繰り返し。髪の毛はベタベタなのにお肌はカピカピと砂漠化状態。もちろんケアする気はあるけれど、パックしようとする時にかぎって子どもがぐずります。寝かしつけに時間がかかり、ケアを仕方なく断念することは日常茶飯事。おそらくこれらは、出産した方なら誰でも経験があると思います。

そんなある日、ふと鏡に映った自分の肌の状態を目の当たりにして衝撃を受けました。毛穴は真っ黒、乾燥で肌はカサカサ、ほうれい線も目立つ……。それを見てあまりにもショックで、本当にひどく落ち込みました。

そして同時に、もともとアパレルから美容に転身しようと思ったきっかけは、お店の鏡に映った自分の姿に落ち込んで帰られてしまったお客様だということを思い出し、私のなかに「育児中で忙しい方や、頑張っている方にこそ美肌でいてほしい！」という強い決意が生まれたのです。

毎日が忙しいと充実感がある反面、疲れやストレスとの戦いが生まれます。だからこそ、皆様に美肌でいてほしい！　お肌の状態は、「内面」に大きく影響する、と私は心から信じています。

その発想から、育児中で忙しくてもきれいな状態を保てるよう、続けやすく効果の出るものを作ろうと決意しました。

それが2023年3月に発売した、洗い流しなし・ふき取りなし・置き時間なし塗るだけジェルパックの「ウルティブライト」です。

実は発売までの道のりは、一筋縄ではいきませんでした。とにかく「簡単で結果の出るものを作りたい」と志願した4社すべてに作製を断られたのです。前例がないからという理由でした。しかし、絶対にコンセプトを崩したくなかったので、協力してくれる会社を探し続け、ようやく事業がスタートできたのです。そこから発売までの1年間は、毎日毛穴に関する論文を読みあさり、講習も受け、サンプル作りに励みました。

また化粧品を作るにあたって、まったく気にしなかったことがあります。それは「開発費」です。私はせっかく化粧品を作るのに、はじめから予算を決めて金額内でおさまるように作るということができませんでした。自分にも商品にも限界を作りたくなかったのです。起業した頃から一貫して「お金を理由にやる・やらない」を決めることだけは避けてきました。

とはいえ、美容も美容医療も、どんどん発展しています。そんななかで「ウルティブライトは喜んでいただけるのだろうか、感動を与えられるのだろうか、他のサロン様にもお取り扱いいただけるのだろうか」と急に不安に襲われ幾度もなく眠れない日を過ごしたこともあります。

そこで「何とかしなければ」とインスタライブに挑戦したり、積極的に発信をしたり工夫をこらし、その結果、初回生産分が予想の半分のペースで完売することができたのです。

その後、私のもとには喜びの声や嬉しい感想が届くとともに、リピートのご注文が殺到しました。


誰だって新しいことをする時は不安があります。

しかし、何をやるにも妥協せず、投資する覚悟を決めることも時には大切です。

そして自分の想いだけではなく、誰かの（私の場合はお客様）ニーズに応えていくことも絶対に忘れてはいけません。

悩みがあったからこそ人生は輝く

当サロンのコンセプトは、お客様に「悩みがあったからこその素敵な人生を歩んでいただく」ということです。

長年お肌や体型に悩み、自分に自信を持てず「こんなにケアしているのに、なぜ自分ばかりこんなお肌なの？」と思っている方はきっとたくさんいると思います。何より私自身がそのひとりでしたから、その辛さは痛いほど理解しています。

しかしこの「今」という瞬間は、過去の経験と選択からできています。悩みがあったからこその人生を選択し、今があります。

私は「美容」というツールでお客様のお肌や身体の悩みの解消をサポートし、コンプレックスから解き放たれ「こんなにキレイになれた」と自信をつけていただきたいと願っています。悩みがあったからこその「今」であること。そして、皆様には悩んだ過去を誇りに変え、素敵な未来に向かって歩んでいただきたいのです。辛かった時間さえも今の自分を創り上げている大切な過去だったと肯定的に捉えられたら素敵ですよね。そして、美容にはその力があると信じています。

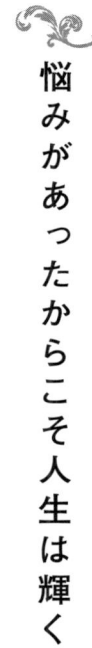

私も中学生の頃から、お肌や体型に悩んできました。勉強も運動も不得意でコンプレックスの塊でした。だからこそ、「自分を嫌いになりたくない」と思い、それを仕事のエネルギーに変え、試行錯誤を繰り返し、模索しながらやりがいを見つけてきたのです。

アパレルからエステ業界へ転身し、仕事内容はガラリと変わりましたが、世の中の女性の人生をより彩り深いものにしたいという気持ちは、前職から1ミリもブレていません。

お客様を愛し、理想に近づくお手伝いをしながら私自身も一生学び、止まることなく成長していけたら幸せです。だって、10年、20年後、そしておばあちゃんになった時、「若い頃あの挑戦をしておけばよかった」と後悔する人生だけは送りたくないからです。

「あなたは、どんな自分が好きですか」

その答えの価値観や判断基準は人それぞれです。好きの判断基準は何であれ、自分を肯定でき、人生の目的が達成できるなら何でもいいのです。

ただ忘れてほしくないことは「今の自分が好き」と思え、自分を誇れる生き方をすることです。人生の主役である自分が輝ける場所を、臆せずに掴み取りましょう。

そんな私も、起業前は理想と現実の狭間でウジウジ悩んでいました。大学ではなく、美容の学校に行けばよかったのかなとか、開業資金が苦しい時にはもっと稼げる仕事に就けばよかったかなとか、変えられない過去に執着している時期がありました。

だからこそ、起業することを決めたのです。この先の未来、過去と同じように嘆く自分を繰り返したくなかったから。現状を変えることや、何かに挑戦することはとても勇気が必要です。理想通りの結果が得られる保証もありません。

でもだからといって、死ぬ時に「あの時挑戦しておけば良かった」と後悔する人生だけは送りたくないし、皆様にもしてほしくないのです。

大丈夫です。一見うまくいかなさそうなことも、悩むことも、自分がイヤになることもいまだにたくさんありますが、そんななかでも挑戦すること、行動すること、社会に貢献すること、諦めないことを継続していけば、いつか悩んだ過去さえ好きになり、さらに素敵な未来への道に繋がっていくと信じています。

私は肌や体型にコンプレックスがあっただけではなく、不器用で勉強や運動もできませんでした。そんな劣等感だらけだったからこそ自分で人生を切り拓き、胸を張って生きてきました。そしてこれからもっと多くの方々に貢献できる自分へと成長したいと思っています。

悩みもがいた時間は、辛い過去ではなく、今のあなたを創り上げている大切な瞬間。その時間があったからこそ素敵な未来を創っていける。誰でも、絶対に！

Message

あなたへの
メッセージ

何かに挑戦する時、
誰もがとても怖くて不安な気持ちに
なるかもしれません。
ただ諦めずに、そこを走り抜けて
突破した人だけに見える景色が
絶対にあります。
その景色を見るために、
私はできる！　と
まず誰よりも
自分のことを信じてあげてください！

安藤祐子さんへの
お問合わせはコチラ

hair & eyelash salon CHARME 代表
株式会社MIWAKU 代表取締役

石井恵

美容師挫折からの
逆転！
「自分を信じて
行動しよう」
をモットーに
3つの事業を展開し、
時間とお金に縛られない
人生を叶えた
成功の極意

Profile

1985年岡山県倉敷市出身。2009年に結婚し、現在は3児の母。美容学校を卒業後、美容師やブライダルのヘアメイクの仕事で活躍。その後、まつ毛エクステに焦点をあて、アイリストとして独立開業。2022年には自社テナントビルが完成。自身のhair & eyelash salon「シャルム」に加え、アイス屋「魅惑のアイス」も手がける。2024年には新たな会社「株式会社 MIWAKU」を設立。

1日の
スケジュール

Morning

- 7:00　起床・朝食
　子ども登校・犬の散歩
- 8:30　出勤
- 9:00　施術開始
- 17:00　子どもの習い事送迎・夕食準備
- 18:30　夕食
- 19:00　入浴
- 20:00　一人リラックスタイム
- 23:00　就寝

Evening

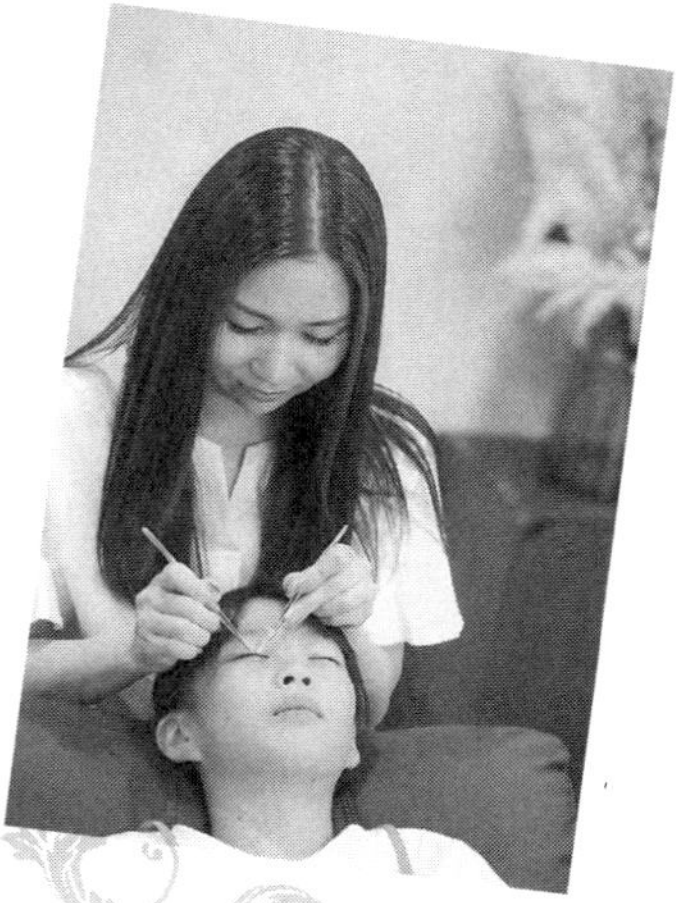

不自由な人生から解放されたい

「勉強して進学し、いい会社に勤めれば終身雇用で安心だ」「女は早く嫁に行って早く子どもを産め！　女の幸せは結婚だ！」が口癖の典型的な昭和生まれの亭主関白な父と、それに従う母。特に父はしつけが厳しく、何かと縛りが多い環境のなかで育ちました。

いつも自由でいたい私は、家でも学校でも窮屈で、周りの大人達からは怒られてばかりいて、不平不満を抱えていたのです。

その反動からか、高校卒業後の進路を決める際は、とにかく楽な道に進みたいと考えていました。

そんなある日、美容学校なら学歴は関係ないと知り、「とりあえず美容師になろうかな？」とふと思いついたのです。そこからは、進路を決めるのに時間は要しませんでした。

もともと思いついたらチャレンジしないと気が済まないタイプで、この時もあまり迷うことなく美容学校への進学を決めました。

美容学校には2年間通い、美容師免許の国家資格も難なくクリアし、美容室に就職しました。

しかし、この当たり前の行動が、1つ目の試練の始まりだったのです。

就業先の美容室は、拘束時間が長いうえ休憩もほとんどなし。度重なるシャンプーで手荒れはするし、仕事が終わってからは技術レッスンが続きます。当時若かった私は遊びたい盛りでもあったので、慢性的な睡眠不足で体を酷使する生活を送っていました。

とりあえず美容師にはなったものの、もともとはヘアメイクの仕事に興味があったため、美容室で働いている時間は「苦痛」としか思えませんでした。そんな状況で仕事を長く続けられるはずもなく、就職してすぐに挫折してしまったのです。

それでも、「せっかく美容学校へ行かせたのに！」と親に怒鳴られるのが目に見えていたため、簡単に美容師を辞めるわけにはいきませんでした。

しかし、その後も自分に合う美容室を求めては転職を繰り返してみたものの、やはり自由のない生活に耐えきれず、どこに就職しても長くは続きませんでした。

最終的にはフリーターになり、しばらくは毎日フラフラ遊んでばかりいました。当時、定職に就かない娘を見て、両親はかなり心配していたと思います。

そんななか、転機が訪れます。

24歳の時、当時5年間付き合っていた彼（今の主人）が 転勤することになったのです。

人生の大きな決断を迫られましたが、子どもの頃から父に「早く結婚しろ！」と言われていたことと、「やっと家から出られるチャンスだ！」との思いが重なり、ほぼ迷うことなく結婚を決意しました。

翌年には子どもにも恵まれ、母親になったことで責任感が芽生え、今まで自分がいかに自分勝手で自己中心的であったか気づかされました。

そして、子どもが小さい時は、保育園にも入れなかったため、週末だけブライダルのヘアメイクの仕事をし、子育てとの両立をしていました。

念願のヘアメイクの仕事はとても楽しく、何より人生の晴れ舞台のお手伝いができることにとてもやりがいを感じていました。

その反面、十分なお金を稼げず、自分の時間も持てない、まったく余裕のない生活にいつもイライラして不自由さを感じていたのです。

ただ、結婚前の自分であれば、イヤになったらすぐに辞めていた仕事を続けられていることには、自分の成長を強く感じていました。

それが自信へと繋がり、ある時から「もっと自分のスタイルで自由に仕事ができないのか」と考えるようになったのです。「自分の人生は自分で切り開くしかない！」と、強く思いました。

運命を切り開いた「まつ毛エクステ」との出会い

ブライダルのヘアメイクの仕事は、結婚式の日程に合わせた不規則な勤務体系や、結婚式場までの通勤など、子育てとの両立はなかなかむずかしいのが現実でした。

一方で、結婚式がない日は仕事が休みなので、そこで美容師の資格を活かせられれば「もっと効率的に働けるのに」とも考えていました。

そんななか、たまたま友人がまつ毛エクステの学校に通っているとの話を聞き、「私もやってみたい」と心が動いたのです。

その後、すぐにまつ毛エクステの学校へ見学に行き、昔から手先が器用だった私はすぐに「これだ！」と直感が働き、３カ月ほど学校に通うことにしました。

そして、この迅速な行動こそが、私の運命を切り開くことになる、大きな一歩となったのです。

まつ毛エクステの技術を習得したあとは、お店さえ出せばお客様が勝手に来て、お金にも困らないと信じて疑いませんでした。

「お金に余裕があれば仕事の日程も調整できるし、自分の時間も確保できる。今までの不自由さがすべて解消されて全部思い通りにうまくいく！」と根拠のない自信を持っていたのです。

右も左も分からない状態でしたが、やる気と自信だけは持ち備えており、すぐにテナントを借り、無事にお店をオープンする運びとなったのです。

しかし、現実はそう甘いものではありませんでした。

開店当初は、友人や親戚などが来店してくれたものの、知り合いだけでは到底予約が埋まりません。

新規のお客様はほとんどおらず、ヒマな日々が続きました。そこで新規のお客様を増やそうと考え、集客を試みたのです。

当時は今のようにＳＮＳでお店をＰＲできるわけもなく、チラシを撒いたり、地元の雑誌に掲載してもらったり、地道に集客活動するしかありませんでした。

しかし、あれこれやってみたわりには反響が少なく、新規のお客様が増えることはなかったのです。

この時ばかりは、「独立を安易に考えたのが甘かった」と痛感しましたが、同時にここで諦めて失敗で終わってしまうのは「絶対にイヤだ」とも強く思いました。

意を決したあとは、まず原点に戻りインターネットで他店の検索をしたり、同業者のお店に足を運んだり、自分のお店に何が足りないのか、現状にとことん向き合いました。

するとある時、自分のお店のコンセプトや、ターゲット層を明確にすることこそが大事だと気づいたのです。

それまでは、新規のお客様を集めたくて、とにかく誰でもいいから多くの集客を得ようと思っていましたが「誰でも受け入れる状態では、誰の悩みも解決できない」とひらめいたのです。

最終的にたどり着いた答えは、「自分だったらどんなお店に行きたいか」ということに向き合うこと。それこそが、悩みの根源が見つかった瞬間でした。

その後は、明確なコンセプトを掲げ、ターゲット層に注力しながら動き回りました。コアターゲットに設定したのは、自分と同じように仕事と子育てを両立している、忙しい主婦の方です。

私は施術のスピードが早いことが取り柄だったので、とにかく早く上手にできるように特訓し、「他のお店よりも早くてうまい」をコンセプトに掲げました。

お店の方向性が決まってからは、忙しい主婦層の方々に喜ばれるようになり、「エクステを素早く終わらせて自宅に早く帰れる」と称賛の声をいただくようになったのです。

まさに、経験から学び、日々成長した実り多き時期でした。

自分を大きく成長させた夢の実現

ありがたいことに、お店はいつも予約で埋まるようになり、仕事も家庭も充実していたものの、毎日慌ただしくゆとりのない生活は相変わらずでした。

ちょうどその頃、新型コロナウイルスが流行し、客足がピタッと止まったのです。

突然、日中の時間が空いてしまい、「これから先どうなるのだろう」と不安が募りました。

しかし、時間ができたことで「5年、10年先の自分はどうありたいのか」「自分は一体どこを目指しているか」と、自問自答する時間を持てたのは不幸中の幸いでした。

今思うと、独立して10年、仕事と家事、育児と突っ走ってきて、気づけば子どもも手がかからない年齢までに成長しました。

それならば、「もっとのんびりと自由な生き方ができるのでは？」と思ったのです。そして今、すべきことを突き詰めた結果、かねてから実現したかった夢を思い出し、具体的に動いてみることにしました。

それは、自分のお店を建築して建物の一部をテナントにし、家賃収入を得ることでした。不労所得を得れば、毎月の支払いに追われることなく自分のスタイルで自由に働けると考えたわけです。

そして持ち前のスピード感で、短期間で自社の建物を建築しました。

おかげさまで、今は3つのテナントから家賃収入が入るようになりました。

結果、建築費用の借入返済をまかなえるばかりか、自分のお店の家賃の支払いも実質ゼロとなり、精神的にも金銭的にも余裕が生まれています。

そして何より、スタッフにも自由なスタイルで働いてもらうことが実現できて本当に安堵の思いです。

このことは、自由な生き方を目標とする私の大きな一歩でした。

それからしばらくすると、また一つの転機が訪れました。

自社の建物を貸し出していたテナントの1つが退去することが突然決まったのです。

最初は、空いたテナントに新たな募集をかけようと考えていたのですが、条件をあれこれ検討しているうちに、自分が店舗の立ち上げをしたいと考えるようになったのです。

というのも、当時、友人と食事をしたあとにスイーツを食べに行くのがマイブームで、「近所にお店があればいいのにな」という友人の一言が妙に引っかかっていたのです。

そして、思ったことは実行したいという持ち前の性格が功を奏し、「ないなら私が作っちゃえ」と決断。大好きなソフトクリーム屋を始めることに決めたのです。

そのまま勢いは止まらず、考えが浮かんだ次の日には情報収集を行い、ある時は知人に飲食業を経営している方を紹介してもらい、話を聞きにうかがいました。

情報収集は地元だけに留まらず、気になるお店を見つけては足を運び、ある時は沖縄にまでソフトクリームを食べに行ったこともありました。

そうして飲食業の準備を着々と始めていたある日、集客の考え方が美容業界と一緒だと気づいたのです。

そこで、ターゲット層に合わせたメニュー作りや価格設定、味などを徹底することにしました。そんななか、地域のみんなに愛されるお店を目指し、アイスクリーム店をオープンしたのです。

結果、オープン当初から今もなお、連日行列ができるほどに繁盛しています。

今は新しいメニューを考えたり、たまにはお店に立って状況を把握したり、頭のなかはいつも忙しいけれど、とても楽しく充実した日々を送っています。

不労所得を得たことで心の余裕が生まれ、ずいぶん自由の幅も広がりました。

人生一度きり。これからは、趣味に費やす時間をたくさん増やそうと思っています。

自由を手に入れるカギは「行動」と「自立」

こうして改めて自分の過去を振り返ると、私はいつも思い立ったらすぐに行動するという信念に気づかされます。「人生には無限の可能性がある。だから自分を信じて行動しよう」これが私に根づいたモットーです。そして、目の前のことに全力で向き合い、何か問題が起きても、決して他人のせいにしません。

世の中には、他人や環境を理由にし、決断できず行動しない人が多いと感じます。たとえば、起業したいと思っても、「今は子どもに手がかかるから」「お金がないから」「自信がないから」と無意識に言いわけを探す人も多いのではないでしょうか。

それは本当にもったいないことです。行動するからこそ決断できることがたくさんあるからです。

私自身、厳格な家庭に生まれ、結婚後も仕事と育児、家事に追われた余裕のない生活を送り、「なんて不自由なんだ」と嘆いたことは山ほどありました。

それでも、自分が置かれている環境をすべて受け入れ、「自分で選択した結果なのだから」と誰のせいにもしませんでした。

他人のせいにして不平不満を言うのは簡単ですが、それで解消されることはないと感じていたからです。

さらに言うなら、不自由だと思えること自体、実は健康に生きている証拠で、決して当たり前ではないのです。

少しだけ過去の話をすると、私は第2子を流産し、第3子もなかなか授からなかった経験をしています。そうした経験があるからこそ、生きていることは当たり前ではなく、奇跡であり、可能性に満ちあふれていることを肌で感じています。

自由の定義は、いつも自分次第。自分の描きたい絵を感じるがまま表現した先に、本当の自由が待っているのだと思います。

人生はこれが正解というものではなく、ある意味どれも正解です。だからこそ、自分次第でいくらでも目の前の現実を変えていけるのです。

私自身のフットワークの軽さから、ここまで来られたように思われるかもしれませんが、不安がゼロだったわけではありません。

ただ言えることは、不安を超え、自分自身の可能性を心から信じていたということです。

もしも今、あなたがやりたいことが見つからないというのなら、将来「これだ！」と思えることに出会えた時に全力で走っていけるよう、目の前のことにとことん向き合ってみてください。そこで失敗したとしても諦めず、小さな成功体験を積んでいけば、自分を信頼できるようになるはずです。

子育てや仕事に追われていると、慌ただしい毎日に「自分の時間が欲しい！」「自由になりたい！」と思うこともあるでしょう。

しかし、何も行動を起こさないで、ただ漠然と自由になりたい！　と欲を周りに押しつけるのは自分勝手に他なりません。ほんの少しでも行動し、自立していくことで、周りから応援される人に変わっていけるものです。

人は誰しも、一人では生きていけません。だからこそ、周りの方への感謝の気持ちを忘れず、思いやりを持っていくことが大切です。

私はまつ毛エクステの施術中、お客様の悩みを聞いたり、くだらない話で盛り上がったりすることもやりがいの一つであり、その時間にとても幸せを感じています。

今後の目標は、外見的なことだけでなく、内面的な美しさのお手伝いもさせていただくこと。お金のために働くのではなく、好きなことで報酬をいただくのが何よりも幸せなのです。

最後に、私のお店の名前は「CHARME」といい、日本語に訳すと「魅力的」という意味があります。

顔の造作や体型などは遺伝的な要素も大きいですが、人の魅力は、努力次第でいくらでも増すことができると信じています。

だからこそ、「魅力的な女性でいること」「愛される女性でいること」を自分自身が意識し続け、共感してくださる人を応援したいと思います。

この本を読んでくださっている皆様も、マインドを変えて しっかりとしたビジョンを持って行動し、自由で魅力的な人生を歩んでほしいと心から願います。

「できることはやった」

そんな充足感を一つひとつ重ねていくと、自然に説得力が生まれるものです。

あとはとにかく行動あるのみです。自由を摘み取り、豊かな人生を手にするかはすべてあなた次第なのです。

Message

あなたへの
メッセージ

不自由な人生から開放されたい。
これが原動力となり、
とにかく思いつくことは
すぐに行動してみた。
そして実績を重ねるうちに、
自由な生き方を手に入れた。
何事も自分次第！
自由を摘み取れるかどうかは
あなたの思考と行動次第。

石井恵さんへの
お問合わせはコチラ

株式会社ベリーのおうち 代表取締役
ペット（犬の総合施設）

一村彩子

音楽科教諭から
犬のトレーナーへ
全国初
犬の総合施設を展開
犬と人が共生する
社会を目指し
命の尊さを問う！

Profile

1970年鹿児島県出身。音楽大学卒業後、鹿児島県内の中学校および特別支援学校で音楽科教諭として22年間勤務し、その間に音楽療法士の資格を取得。2017年、「愛犬家とワンちゃんの笑顔のために」をモットーに、犬の保育園「ドッグハウスベリー」を個人事業主として開業。2022年には犬の総合施設「株式会社ベリーのおうち」を設立し、セラピードッグの育成や慰問、ペット防災などの多角的な事業を展開しながら、2023年より1000坪を超える「セカンドハウス」にて老犬ホーム事業を始める。

1日の
スケジュール

Morning

6:00 起床・シニア犬のお世話

7:30 犬の保育園登園開始・
スタッフ犬とお泊り・犬のお世話

9:00 犬の訓練・しつけ方相談・
トレーニングなど

13:00 外部打ち合わせ・出張訓練など

18:00 犬たちの夕ご飯のお世話

21:00 犬たちの排泄のお世話

22:00 帰宅・夕飯後入浴

23:00 事務作業

25:00 就寝

Evening

音楽人生から犬のトレーナーに転身したきっかけ

２０１７年5月11日、47歳の時にこの地域ではじめてのサービス「犬の保育園」を開業しました。友人たちからは、「えっ！　彩さん。どうして？　私にはできないわぁ」と言われましたが、そんな声をよそに個人事業主としてのスタートを切ったのです。

なぜこのような決断に至ったのか、これからその経緯をお話ししたいと思います。

「小さい頃から歌が大好きで、いつも歌っている女の子でした」

こうしたフレーズは、アイドルやミュージシャンのインタビューでよく耳にしますが、私も子ども時代のことを聞かれたら、きっと同じように答えるでしょう。

それくらい、歌は生活の一部であり、父親が作ってくれた竹のマイクを常に握りしめながら幼少期を過ごしていました。

中高時代もピアノやフルート、コントラバスなどの習い事や部活動を通してさまざまな楽器に触れ、音楽の楽しさを感じる日々を送っていました。その経験から、大学は東京音楽大学の声楽科へ進学。大学には全国から多くの学生が集まり、それぞれが自分の専門性を高めていき、友人たちのなかには演奏家を目指す人もいました。

一方、私は4年間寮で過ごし、その間に寮長や学生自治会役員を務めたり、学園祭を企画運営したりしながら、人と繋がる組織のなかで自分の特性を活かす方法を身につけていきました。

卒業後の進路についてじっくり向き合った時、「子どもの頃から影響を受け続けた音楽を組織のなかで伝えることで人の役に立ちたい！」と強く思うようになり、教師を目指しました。

しかし、在学中、高校時代に手術を受けた腰椎椎間板ヘルニアが再発。入院加療を余儀なくされ、人より1年多い5年間の大学生活を送ることになったのです。

その後、遅ればせながら23歳の時、無事に鹿児島県の中学校音楽科教諭として就職することができました。また、音楽と心の相互関係である「情緒教育」に着目し、音楽を使った支援にも興味を持ち始めていました。このような理由から、所信表明の作文に「教師生活40年のうち20年間は中学校で、残りの20年間は特殊教育（現在の特別支援教育）で音楽を活かしたい」と書いており、ずっとこの夢を抱き続けていました。

その甲斐あって、教師になり18年目に配属された中学校の校長先生に、思い描いていた夢の話を語ったところ、なんと全力で後押ししてくださり、長期休みには大学で講座を受講し、特別支援教諭の資格を取得することが実現しました。

教員21年目には、念願叶って特別支援学校に配属されました。そこでは高等部の重複障害学級の担任となり、20年前に思い描いていた音楽療法を活かした授業を展開する運びとなり、充実感を味わう毎日でした。

ところが、それも束の間、胃がんが見つかり、急遽入院して手術をすることになったのです。その当時、我が子は中学3年生と中学1年生です。胸を引き裂かれる思いでしたが、お母さんの命は寿命ではなく余命である、ということをきちんと説明しました。つまり、単に病気にかかったというだけでなく、病気の影響で人生が短くなるかもしれないという現実を正直に伝えたわけです。

幸い命は救われたものの、体力的に教師を続けていくことが難しいと判断し、苦肉の策で退職を決意しました。

ちょうどその頃、警察犬訓練士をしている実の父が所有するラブラドールレトリバーが初出産するとのことで、その準備を父と一緒に進めていました。

そんなある夜、午後9時頃に父から「彩子、出産が始まったようだ」という電話が入り、急いで必要なものだけを持ち、すぐに実家に駆けつけました。

するとお母さん犬のレナが、今まさに2頭目を産み落とす瞬間だったのです。


犬の出産に立ち会うのははじめてでしたが、すぐに横に付き添い、父と連携して赤ちゃんを取り上げて首に色分けの毛糸のリボンをつけました。

レナは羊膜を口で破き、赤ちゃんを取り出してペロペロ舐めはじめ、生まれたての赤ちゃんはお母さんのおっぱいを探し当て、一生懸命吸っています。その一連の光景を見た時は、「命の奇跡」を感じて涙が止まりませんでした。

「命・いのち・イノチ……」

そう、頭の中で唱えた瞬間、「私は今生きていて、これからも生きる！」という思いが込み上げました。


そして、その1年半後、47歳の誕生日に、はじめて命の誕生の瞬間に立ち会った警察犬の子犬3頭たち、「ライム・ワサビ・ミカン」をセラピードッグに育てるために、音楽療法士として福祉活動をしながら、地域の愛犬家をサポートする生活を歩み始めました。

犬の保育園から犬の総合施設へと成長

その後、犬の保育園「ドッグハウスベリー」をオープン。初日の朝は、できたばかりの事務所の椅子にドキドキしながら座っていました。いつお客様が訪ねてきても対応できるように、案内プリントを準備したり部屋やドッグランを掃除したり、それはもうわくわく心躍る時間でした。

しかし、一向に誰も現れません。

「なんで誰も来ないのだろう」「犬のお預かりとしつけをするって助かると思うのだけどなあ」と心の中でつぶやきながら、お客様が訪ねてくるのをただただ待ち続け、気づけば1週間が過ぎていました。

そんなある日、息子のＰＴＡで一緒に役員をした印刷所の社長さんが「地域のフリー情報誌に広告を出したら？」と声をかけてくださり、半ページの広告を出しました。

すると、３日後に問い合わせがあり、お客様第１号が来店されたのです。

日中のわずか数時間のお預かりでしたが、お迎えの際には、お預かり中の様子を撮影した写真や動画をお見せし、犬のことや世間話など楽しくおしゃべりして帰られました。

その後は、リピーター様の紹介や情報誌を見たという方々が次々に来店され、はじめてのドッグランイベントも開催する運びとなりました。そのイベントには、10家族が参加し、ワンちゃんたちだけでなく、愛犬家同士の横のつながりも生まれ、心温まる楽しいひとときを過ごすことができました。

その時、お客様たちから「ベリーママ」と命名され、こそばゆいけれど嬉しく感じたことを思い出します。最初は慣れないことばかりでしたが、毎日のお預かりやしつけをしているうちに、「次はしつけ方グループレッスンを、今度はワンちゃん運動会を」と次々イベントのアイデアが浮かんでくるようになりました。常連のワンちゃん家族がお友だちを連れてきてくれたことで、口コミが口コミを呼び、開業4年目にして登録犬数が1500頭を超えるまでに至ったのです。

現在も地域はもとより、県内外からたくさんの方がしつけや訓練、お泊りでドッグハウスベリーを訪れてくださいます。なかにはご家族の入院で長期にわたって家を空けなければならず、犬のことで困って相談に来られる方も多くいらっしゃいます。

ドッグハウスベリーはホテルではなく、犬の保育園の延長でのお泊まりの場です。

そのため、対応範囲は多岐にわたり、お預かり中にドッグランでの触れ合いや基本的なしつけ、ご家族へのしつけ方相談、トレーニングルームでのクレートトレーニング、知育遊びなどを行います。愛犬のワサビ・ライム・ミカンも、保育園のスタッフとして一役買ってくれています。例えば、慣れないお友だちのご挨拶練習の相手や、ワンちゃん同士がガウガウ喧嘩にならないよう間に入ってパトロールをしてくれます。まさに、私がかねてから思い描いていた「愛犬と人（地域）のために働く」が現実になり、充実した毎日でした。

そんなある夏の日、愛犬たちの妹犬が、飼い主のもとで熱中症にかかり亡くなりました。自分がはじめて命を取り上げて、「生きること」を思い出させてくれた子の死に直面した時は、言葉では言い表せないほどのショックを受けました。

また、台風の夜、家族が避難所に行かなければならなくなり、愛犬をどうすればよいかとの相談が寄せられ、ドッグハウスベリーでお泊まりする犬たちが増えていきました。

大切な愛犬との別れや離れて暮らすことが余儀なくされる事態があるという現状を目の当たりにしたのです。そして、「愛犬とご家族の笑顔のために」というモットーのもと、大阪や東京をはじめ全国各地に勉強や訓練に出向き、ペット救急救命士およびペット災害危機管理士の資格を取得しました。そして、愛犬と一緒に体験する避難訓練イベントを開催したり、夏前には熱中症予防としてペットの心肺蘇生法を飼い主さんに学んでもらったりと、犬と人がより安全で楽しく過ごすことができるよう、サポートを本格的に始めました。

そのような、全国でも類を見ない「犬の総合施設」として成長したベリーを、地域に愛される場所として残すために、「株式会社ベリーのおうち」を開業から5年目で設立しました。公務員時代との大きな違いには、正直、戸惑うことも多々ありました。特に、教員時代は毎月固定給を受け取っていた私が、自分の提供するサービスに対して直接料金をお客様からいただくことや、自分たちの地域に合わせた料金設定を行うことなどには苦労しました。その一方、自分が現状に合わせてさまざま工夫し、動けば動くほど収入につながるという達成感は何ものにもかえがたいものでした。しかし、コロナをきっかけに大きく変わったことがあります。それは、飼い主さんたちの意識の持ち方です。もともとベリーは、犬たちと家族が一緒に楽しく遊び、学ぶ場所として多くの方に利用してもらう場でした。しかし、コロナで外出に制限がかかったことで、ベリーの存在が「愛犬を預けるところ」に変わってしまったのです。イベントを企画しても予約はまばらで、しつけについても「預けているうちにお利口になりますか」という質問を度々受けるようになりました。飼い主さんに一緒に学んでほしいのに、期待されるのは単にサービスを受けること、になってしまったのです。

「犬と人が共生する社会Happy Lifeへのかけはし」として存在し続けること。これが、現在直面している大きな問題といえるでしょう。

世界を広げるため合言葉は「3つのそうぞうりょく」

私がベリーママとして、スタッフのベリーねぇね（トレーナー）やベリーパパ（シニアクラスチーフ）に常に話して共有している言葉があります。それは「3つのそうぞうりょく」です。

1「想像力」…いま直面している問題や困りごとの理由、例えばワンちゃんが今どんな気持ちでその行動をしているのかを多方面から考えてみる。

2「創造力」…想像して出てきた問題の理由や原因になるものを取り除くための環境や道具を作り出す。

3「相贈力」…これは私がつくった造語ですが、想像力と創造力を繰り返して、誠心誠意対応していれば、必ず一瞬の「うまくいく瞬間」が生まれる。それをお互いに共有できた時に幸せを感じて「喜び」をお互いに贈り合える。

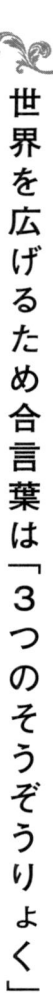

これらは、犬との関わりやしつけ、飼い主さんとの関係づくり、社内の人間関係などすべてにつながる考え方だと思っています。

「あっ、そうか、人と犬がもっと一緒に楽しめるキッカケつくりをすればいいんだ！」

3つのそうぞうりょくで導き出した方法は、私の原点である「セラピードッグとの活動」そのものでした。

自身の愛犬たちのうち年長の4頭は、日本セラピードッグ協会の資格保持犬です。

たまたま昔の私を知っている方と再会したのがきっかけで、地域の小中学校に呼ばれるようになり、「セラピードッグに学ぶ子育て〜伝える想い・感じる想い〜」という講演会を保護者対象に行う機会が増えました。

同時に、老人ホームや保育園、地域の敬老会、歩行者天国などに出向いて、犬と触れ合うことではぐくまれる「心の温かさ」を、多くの方々に感じてもらう機会も多くなりました。

その結果、うちの愛犬たちの働きを見て、「私も自分の愛犬と一緒にお出かけしたりもっと世界を広げたりしたい」というお客様が少しずつ増えてきたのです。

私は、その方たちにこう言い続けています。

「ポイントは3つのそうぞうりょくです」と。

犬と人が共生する社会の架け橋になる！

世の中には多くの愛犬家が存在し、家庭に快く迎えられている犬もたくさんいます。その反面、犬が苦手な人や犬が好きでもアレルギーがあって触れられない人がいるのも事実です。

誰にも迎えられることがなく、厳しい自然をさまよっている犬、なかには飼い主に捨てられた犬もいます。

本来ならば、すべての犬と関わり、犬と人との世界（意識）を大きく変えていくことができたらいいのですが、それはできません。

なぜなら、すべてに全力を傾けていくことは、理想でしかないと思うからです。

だからこそ、私は多くの犬たちが「家庭犬である」「家庭犬になれる」「家庭犬であり続ける」ことを目指しています。

数年前に目の前で犬の出産シーンに立ち会った経験から、すべての犬は母犬が命がけで産んだ子たちであり、それを人間が家族として迎えた以上、単なるペットとして考えてほしくはないと真剣に考えるようになりました。きちんと責任と覚悟をもって、その子の一生を共に過ごしてほしいと心から願います。

幼犬から老犬まで、すべてのライフステージにおける困りごとや期待に対して、ご家族や愛犬に寄り添い、少しでも多くの方々のお力になりたいという想いが一層強くなりました。

そして、その想いが形となったのが開業6年目に設立した「ベリーのおうち　セカンドハウス」です。

およそ1000坪の敷地のなかに、クヌギの森ドッグランや芝生のサブドッグラン、四季の花々や果物の実を楽しめるお散歩コース、ミニ運動会ができるグラウンドなどが設けられています。防災教室や救命講習など、飼い主さんたちのお勉強会ができる母屋と、万が一の時にワンちゃんたちを預かることができる避難所となる建物です。

そして、飼い主さんが楽しみながら愛犬ちゃんをお風呂に入れられるセルフドッグスパも導入しました。


この施設を活かして、老犬や要介護犬の預かり（ショートステイや終生お預かり）も始めました。

これからより本格的に設備を整え、ご家族が安心して愛犬と老後を過ごせるための拠点を作りたいと考えています。

「命の奇跡」を実感した私、ベリーママは、まだまだやりたいことがたくさんあるのです。

もちろん、うまくいかないこともあるし、泣きたいくらい辛い時もあります。

しかし、私には家族がいるし仲間がいます。

そしてキラキラする瞳で見つめてくれる愛犬たちがいます。


「やりたいことは絶対にあきらめない」

そう心のなかで思いつづけ、炎を燃やし続けること。

その時々を精一杯に頑張っていれば、転がっているチャンスに気づくものです。

私はこれからも、犬と共に命を大切に生きていきます。

ベリーママとして、ますます輝いていくつもりです。

Message

あなたへの
メッセージ

家族はもちろん、
周りの人への感謝を
忘れなければ、
それが絆になります。
そうして「人間力」が
ついていくのだと思います。

一村彩子さんへの
お問合わせはコチラ

スノーリンク株式会社 代表取締役
福祉事業

植村ゆき絵

世界最高の支援者になる！元ギャルサークル所属のフリーターが障がい者福祉施設を経営成長のプロセス

Profile

1987年信州伊那市生まれ。高校を1年で中退し、20歳までフリーターとしてさまざまな仕事を経験する。18歳からギャルサークルに所属し、日焼けサロン通いやパラパラに熱中。その後、アルバイトの学童保育での子どもとの出会いをきっかけに保育士を目指す。通信制で高校卒業資格を取得し、3,歳で松本短期大学に入学。大学では文化祭副実行委員を務める。33歳で障がい児・者の通所施設に入社。23歳で結婚、24歳で長女、25歳で長男を出産。28歳で次女を出産後、29歳でスノーリンク株式会社を起業。2014年「放課後等デイサービス こどもプラス伊那」、2015年「放課後等デイサービス こどもプラス伊那第２」、2023年「就労継続支援Ｂ型事業所 Grow up farm」を開所。

1日の
スケジュール

Morning

5:55 起床

6:30 朝活

7:15 子ども送り出し

8:00 入浴・洗濯・出勤準備

9:15 出勤

9:30 業務確認

9:45 見学、体験対応、職員会議など

12:30 休憩

13:00 事務業務（資料つくり、他機関連携）

15:00 ケース会議出席、送迎業務、直接支援、運動指導

19:00 夕食準備

20:30 子どもと入浴

22:00 動画編集、パソコン軽作業

24:00 就寝

Evening

控えめな性格からポジティブに変われた理由

幼少期は控えめな性格で、小学校1年生まで積極的に言葉を発することができませんでした。自分の思いや気持ちを表現することが怖くて、誰かに否定されるかもしれないという意識も常にあり、とにかく自己肯定感が低い子どもでした。

しかし、今では髪の毛はハイトーンカラーで、性格はポジティブ! 元ギャルの福祉社長と名乗り、楽しむことがモットーです。

どうして控えめだった私が、ポジティブになれたのか、過去を少し振り返ってみたいと思います。

中学時代にバスケットボールのキャプテンを務めた経験が評価され、高校には推薦入学しました。しかし、入学して1年が経とうとした頃、ある出来事がきっかけでチームメイトとの間に確執が生じ、靴を隠されるなどのいじめを受けていました。自分の知らないところで事態が進んでいく恐怖に耐えきれず、部活を辞め、その後学校も退学しました。

とはいえ、中学時代は、土・日関係なくひたすらバスケに明け暮れる毎日だったので、時間ができて友人との楽しい時間が増えたことは、喜ばしいかぎりでした。日が暮れるまで遊びに夢中になり、門限を過ぎてしまうこともありました。

しかし、両親、特に厳しい性格の母は、高校を中退した私に対して頭を抱え、激しく衝突する日が次第に増えていきました。家にいても家族との小競り合いが絶えなくなってしまい、とうとう我慢の限界に達して、友人の家を転々とするようになりました。

母は根っからの真面目人間で、学業も運動も常に優秀。父は大阪出身でユーモアはありますが、マイペースで自分のことを最優先に考える人でした。ですから、母に意見を述べれば否定されると思い込み、父からはまるで無視されているような感覚に陥っていました。そうした状況のせいにして、家にいる時間を減らすようになったのです。

そんな折、片親の子や親と仲が悪い子、親が深夜まで帰ってこない子などの場に自然と足を運ぶようになりました。夜中までゲームセンターや公園、駅などで遊びまわる、いわゆる不良の集まりです。集まるメンバーはその時々で違いましたが、同じ境遇の仲間達とは、一緒にいるだけで楽しい時間を共有できました。気の赴くまま好きなように過ごすことができる。誰にも束縛されず、どこまでも自由に生活できると信じていました。その頃の私は「人生は楽しんだもん勝ち」とばかりに、「楽」を重視して生きており、当時流行だったギャルサークルに誘われ、その一員にもなりました。

幼少期の控えめな性格とは裏腹に、内心では「なんでやねん!」と突っ込みを入れているような、対照的な自分が存在していたのです。幼少期から二面性を隠し持つ子どもでしたが、ギャルサークルに入ってからは、キラキラと輝く明るい仲間達に囲まれ、前向きな雰囲気に包まれることを心地良く感じていました。当時を振り返ると、みんな良くも悪くも適当だったと思います。しかし、そのような環境のおかげで、自分の考えや思いを口に出せるようになったことは紛れもない事実です。言葉にしても誰からも否定されることなく、受け入れてもらえることをはじめて経験したのです。

自信を持ち始めた頃、「変われるかもしれない」という期待を抱きましたが、現実はそうではありませんでした。相変わらず定職に就くことなく、夜は友人達と遊んで朝帰りして夕方まで寝る、という生活が続きました。とはいえ、楽しいことばかりではなく、突然不安に襲われることもありました。十代の頃は、悪い大人が寄ってくることもあり、友人のなかには、風俗や薬に手を出し、社会に戻ってこなくなった子もいました。それを目の当たりにした時、自分が置かれている環境が悪いのではと疑問を抱くようになりました。

これまでは、後先考えずに楽だけを求めて過ごしていたけれど、ふたを開けてみると中身は空っぽ。どんどん虚しく寂しくなり、次第に仲間がいても心は満たされないと感じるようになったのです。

人生初の正社員雇用を経てスノーリンクが誕生

危機感を感じ、まずは環境を変えなくてはと思った私は、折り合いの悪かった母に仕事がしたいと相談しました。すると母は、「学童が人手不足だと知人から聞いたよ」と、嬉しそうに教えてくれました。

当時、学童という言葉すら聞いたことはありませんでしたが、母の話から、放課後に親が留守の子ども達を預かる仕事だということがなんとなく理解できました。面接には母が同行してくれました。仕事の始業が午後1時からで、昼夜逆転している私にとって魅力的だったため、すぐに働くことを決意しました。

実際に働き始めて意外だったのは、自分が子どもの面倒を見るのが案外好きだということ。子どもと一緒になって遊具や鬼ごっこをして遊ぶことが楽しく感じたのです。友人達と遊ぶ楽しみとは異なる喜びを覚えました。

ところがです。最初は、「遊ぶだけなんて楽な仕事だ」と考えていたのですが、それは突然崩れ、悩みの種が生まれます。きっかけは、小学校3年生の女の子達と楽しく遊んでいる時、一人の女の子が私と一緒に遊びたいと言ってきたことでした。私が「みんなで一緒に遊ぼうよ」と言った途端、彼女は泣きながら塀の上に登り、「死んでやる！　飛び降りてやる！」と叫んで降りてこなくなったのです。一瞬、何が起こったのかわからなくなり、呆然としてしまいました。

その日から、その子は私と遊んでいる時にかぎって、私を試すような行動をとるようになりました。何でそんなことをするのか悩みましたが、彼女の行動には共感できる部分もあり、「まるで自分を見ているみたい」と冷静に分析していました。

その後も昼夜逆転の生活は変わらず、感情の起伏が激しい日々が続いていました。その背景には、両親からの理解と認められたいという願望があったのです。この思いに気づいた時、彼女に寄り添い理解したいと考えるようになりました。それは結果として、自分と向き合い、自己理解を深めることにも繋がりました。

当時はアルバイトを始めても、3カ月もすると辞めることが多かったのですが、気づけば学童だけは1年が経過していました。しかも、「保育士資格を取りたい」という明確な目標までもができていたのです。

母に頭を下げて大学に行かせてほしいと懇願すると、「いいよ!」と2つ返事で了承してくれました。これはとても意外でした。これまでの自分の行いやお金の事情を考えると、「ふざけるな!」と怒られることを覚悟で相談したからです。

意を決し20歳で大学生になると、自分の興味ある分野を学べることが新鮮で、授業には熱心に取り組みました。特に興味を引いたのは、柳沢教授が考案した「柳沢運動プログラム」という運動遊び（かくれんぼや鬼ごっこ、ボール遊びなど）をとおして、子どもの脳を育てるという授業です。柳沢運動プログラムのはじめの文章を目にした時、「まさに学童でアルバイトしていた時の子ども達じゃないか！」と興奮しました。子ども達同士で群れて遊び、それをとおして身体と心と脳を育てていることが、プログラムのなかに登場したのです。この時、胸がグッと熱くなったことを覚えています。当時アルバイトしていた学童で、この運動プログラムを行えたら素晴らしい、と心が躍りました。

保育士や幼稚園教諭の免許を取得した後、私の就職先は障がい児・者の通所施設でした。当時、学童の正社員募集はほとんどなく、目に留まったのが保育士よりも給与がよい施設での正社員雇用だったのです。人生ではじめて企業に正社員として雇われましたが、毎日早朝から夜中まで働き、時には15時間も会社に滞在することもありました。仕事環境は非常に厳しかったけれど、仕事自体は刺激的でした。

ある日、大人の障がいを持つ数名の方達と一緒にレストランに行った際、店員の態度があからさまに冷たく、睨むような目つきで私達を見ていました。その出来事は、世の中には障がい者に対して攻撃的な感情を抱く人もいるのだと身をもって感じた瞬間であり、激しい怒りが込み上げてきた瞬間でもありました。

しかし、あとで冷静に考えてみると、多くの人は障がい者との接し方に慣れていないことに気づきました。だからネガティブな感情が湧いてしまうのではないかと、考えを改めたのです。障がい者のなかには、大声を出す人や距離感が分からず急に近づいてしまう人など、課題行動をとる人もいます。たしかに、突然現れて近づかれたり、大声を出されたりしたら、恐怖を感じる人は多いでしょう。

そう思えた時、「なぜ障がい者を受け入れてくれないのだろう」と、一方的に腹を立てるのは間違いかもしれない、という新しい感情が芽生えました。

そこで思い出したのが、大学で出会った「柳沢運動プログラム」です。児童期からこのプログラムを実施して、生きづらさが解消できたら素晴らしいと心の底から思いました。

その頃、プライベートでは結婚し、子どもにも恵まれました。第一子は、出産時３７００グラムもある大きな女の子。翌年には、男の子を出産しました。しかし、当時25歳で若かった私は、自分の子ども達が格別に可愛く感じた一方で、責任や期待が大きくのしかかっていました。そのことで、時には子ども達を強く怒ってしまったり、過保護になってしまったりもしました。仕事では保護者の相談役として活躍していましたが、自身も子育ての相談に行くほど、子どもを育てることの難しさに直面し、悩み苦しい日々を過ごしていたのです。

そんななか、楽しい仕事の思い出がよみがえりました。二人目が2歳になる頃、柳沢運動プログラムの主導者になるため、運動保育士としての資格認定試験を受けるチャンスを得たのです。久しぶりに学びの場に参加できることや、同じ目標を持つ仲間との交流に心が躍ったことをよく覚えています。

結果、資格認定試験に無事に合格。その後、27歳で次女を出産しました。三番目となる次女が、本当にのびのびと育ってくれたのは嬉しいかぎりです。一人目、二人目の子育てにはかなり神経質になってしまいましたが、その経験をとおして、三番目の子育ては自分でもわかるくらい余裕がありました。

次女が2歳になり少し落ち着いた頃、以前勤めていた福祉施設に、運動遊びを提供したいという話を持ちかけてみました。すると、快く運動の時間を設けてくれることになり、児童と成人でグループを分け、運動遊びを行う運びとなったのです。

その後、月に一度のペースで、児童と成人、さらには幅広い年齢層に向けて運動遊びを提供する機会をいただきました。その経験を重ねるごとに、事業を立ち上げたいという思いが強くなり、29歳の時、その夢を実現すべく、スノーリンク株式会社の立ち上げを決意したのです。

成長できたのは環境と人に恵まれたおかげ

前置きしておくと、最初から経営者になりたいという願望があったわけではありません。「日常的に、障がいのある子ども達と運動遊びを行うことで、未来が明るくハッピーに過ごせるように」との願望を実現するために起業しました。そのため、経営の右も左もわからないまま、社長になったのです。

今でも、はじめて児童を受け入れた日のことは忘れもしません。夢にまで見た子ども達と運動ができる喜びをかみしめていました。教室は半年で定員が満員となり、第1教室が開所して1年が経つ頃には、第2教室目をスピード開所していました。何より、働いてくれる職員のメンバーに恵まれたことには感謝しかありません。みんな同じ方向を向き、児童と日々向き合い続ける仲間達です。時には熱い思いをぶつけ合うこともありましたが、かかわる子ども達の未来が少しでも困ることなく、ハッピーでいられるようにという理念は全員一致していました。

事業所は、常に満員状態。それでも、日々利用したいという児童の問い合わせは増える一方でした。すべての思いに応えたい一心でスタートした第2教室も、開所から1年も経たないうちに満員となり、対応しきれませんでした。

運動遊びはもちろん、日常の困難に一緒に向き合う時、私達も必死でした。他害や自傷行為、自分を守るために身に着けた相手へのあらゆる攻撃。そのような問題に向き合う時は、自分達も精神をえぐられる思いです。

しかし、すべての行動には意味があり、それは日頃から子ども達と同じ視線で日常を過ごしていなければ決して見えてこない世界です。それでも、日々、子ども達や仲間と共に悩みを分かち合い、笑顔で過ごす時間は、本当に充実していました。

そうして気づけば、開所から2年が経っていました。ちょうどその頃、平穏な毎日が突然大きく変わる事態が起こります。

「新型コロナウイルス感染症拡大。全国小学校休校」

ニュースを見た瞬間は、何のことか理解できませんでした。状況がわからないまま、児童達が通っている各学校、約10校に手分けして電話連絡しました。学校側も対応しきれず、まだ方針を決められないという状況でした。

さて、自分達の事業所はどうすべきか判断しなければなりません。その判断を下すのは私です。みんなが私の決断を待っていました。

経営者になってから選択と決断の連続でしたが、このコロナという緊急事態は未知との戦いであり、不明確な状況下での判断と決断はこれまでとはまったく違います。すべての家庭に連絡を取り、契約者70名以上の方々の意向を聞いたうえで、対応方法を固めていきました。コロナとの戦いがいつ終わるのかわからない不確定な状況は、大きなストレスとなりました。それは私だけでなく、働く仲間達も同じです。しかし、この状況のなかで、本当に素晴らしい仲間に囲まれていることを改めて実感しました。

決定事項が変わったり、決断を待ってもらわなければならなかったりしたことが多々ありました。そんななか、職員たちは子ども達や周りの人々が不安にならないように、常に笑顔を絶やさずにいてくれました。「大丈夫だよ！　みんなで乗り越えよう」と声を掛け合い、励まし合う仲間達の存在に何度も救われました。

私は、経営者としても人間としてもまだまだ不完全です。だからこそ、仲間と支え合って目標に向かう重要性を痛感しました。そして、その思いが一致した仲間が多ければ多いほど、自分の願望達成が近づくということを知ったのです。こうして、年数を重ねるごとに人間としても経営者としても成長してきました。

私がここまで成長できたのは、環境と人に恵まれたおかげです。相手を尊重し信頼できる、そのような正しい人間関係と、それを学べる安心安全な環境が整えば、どんな人でも成長できることを、みずからの経験をとおして実感しています。

楽しさ×挑戦×仲間＝成長者の創造

２０２３年3月、次のステージとして就労支援事業「グローアップファーム」を開所しました。ここでは菌床しいたけの栽培を行い、その仕事を障がいのある方が担っています。「長野県の働き方をスノーリンクの価値観で塗り替える」という理念を掲げ、仕事は辛くて当たり前という考え方を、楽しいものへと変えていこうとしています。

何度も言いますが、私は劣等感の塊で、自分を肯定できない人間でした。間違いを認めたくないから他人を責め、負けたくないから素直になれず、ずっと苦しんでいました。誰かに認めてもらうことでしか自分の存在価値を見出せない自分に嫌気がさしていたのです。

人生で何度も挫折し、終わりにしたいと幾度と考えました。目の前で起こる出来事を肯定できない時もありました。

しかし、だからこそ「私にしかできないことがあるはずだ！」と、価値観をガラっと変えて、与えられた試練に向き合ってきたのです。

父と母から与えられた命、一度きりの人生を全うし、後悔なく生きると決めました。普段の私からは想像もできない過去を背負っていますが、過去の犠牲者になることはありません。

私は目の前にいるすべての人が幸せになるまで諦めません。みずからが辛い境遇に遭い、立ち直れないと感じた時に諦めなかったように。それが私の生きる喜びであり、幸せであり、存在理由です。

社会の底辺で死んだように生きていた過去の自分を知っている人は、今の私を想像すらできなかったことでしょう。

誰しもが、良くなりたいという強い欲望を抱けば、いつでもどこからでも変わることができます。

「ただ一歩踏み出すと決めるだけでいい」

私は、この障がい福祉の分野で世界最高の支援者になると心に決め、日々邁進し続けています。

Message

あなたへの
メッセージ

自分が夢中になれることは、
嫌いも苦手も関係なく、心が躍ります。
そして、新しい挑戦に
取り組みたいという欲求が、
生きる原動力になることを知りました。

植村ゆき絵さんへの
お問合わせはコチラ

マネレボ株式会社 代表取締役
金融

大久保美伽

投資歴23年、43歳で
安定の金融職を
手放し起業
SNS嫌いを克服し
逆境を乗り越えた
経営者の勇気と覚悟

Profile

1976年大阪府出身。大学卒業後大手食品メーカーに3年間勤務するも家族の都合で退職。その後、某都市銀行へ再就職し、運用商品のセールスを担当。就業中、年功序列の給与体系ではなく、仕事の成果で勝負したいと考え、外資系保険会社へ転職。ここでさまざまな経験を経て、40代を過ぎた頃から「真に中立な立場で本当に正しいお金の知識を伝えたい」思いが強くなり、44歳で独立。現在は、金融機関との連携なしに中立な立場で老後に向けて堅実なお金の増やし方を伝える講座を主宰。2021年に、現「マネレボ株式会社」を設立し、今年2024年は3期目に入る。

1日の
スケジュール

Morning

5:45 起床

6:45 インスタ朝LIVEと SNS確認

8:00 オンライン ボディメイクレッスン

8:30 朝食

9:00 オンライン　個別セッション、講座

12:00 昼食

13:00 資料準備、セミナー、講座企画、事務作業等（マッサージやエステなどメンテナンスに出かけることも）

19:00 夕食

20:30 オンライン講座

23:00 お風呂

24:00 就寝

Evening

過去の苦い経験から20代で投資の世界へ

現在、ファイナンシャルプランナー兼コンサルタントとして、老後に向けた堅実な資産運用を伝える活動をしています。投資歴23年の経験を通じて、お金に関するさまざまなことを学びましたが、なかでも資産運用をもっとも得意分野としているからです。

社会人となり、投資をスタートし今年で24年目という話をすると、「なんで社会人になってすぐに投資を始めたの？」と驚かれることも多々あります。

たしかに、今でこそ「ＮＩＳＡ」や「ｉＤｅＣｏ」などの投資を国も推奨するようになり、若いうちから投資をしている人も徐々に増えていますが、20年以上前は20代で投資をしていたのはかなりまれで、一般的ではありませんでした。

そこで、普通の会社員として働いていた私が、なぜ投資を始めたのか、そのきっかけとなる出来事を3つほど紹介したいと思います。

まず1つ目は、大学受験に失敗したことです。

女子高の進学校に通っており、現役で良い大学に進学することが当然とされる環境のなかで育ちました。そのため、良い大学に行くのが当たり前だと思い込み、勉強に励む優等生でした。大学を目指せば必ず受かるという固定観念を持っており、成績が良いことも当然であるという意識に縛られ、自らにプレッシャーかける日々を送っていました。

しかし、メンタルが弱かったため、勝手に自分で創り上げた重圧に負けてしまい、当然のごとく受かると思っていた大学受験にまさかの失敗。浪人するも再度失敗し、最終的に関西の私立大学に進学する道を選ぶことになりました。これが人生初の大きな挫折でした。

この失敗から得た悔しさがバネとなり、社会人になってからの「このまま平凡で終わりたくない」という原動力につながったのです。

2つ目は、就職氷河期のさなかでの就職活動でした。

私が就職活動を行っていた2000年頃は、大手企業が次々と採用を絞り、就職難に直面する人が増加していた時期です。

学生の頃は、「勉強したら良い成績が取れる」「良い大学に行ける」と、自分次第でどうにかなると本気で思っていました。しかし、現実はそう甘くはなかったのです。

自分の希望する企業を断念せざるを得なくなり、自分ではどうすることもできないことがあるのだと自らの経験を通じて痛感させられました。

この苦い経験から、自立心が人一倍強くなり、「どうしたら自分の人生の舵を取れるようになるか」と真剣に考えるようになりました。

3つ目は、社会人になりたての頃に感じた、男尊女卑や年功序列といった古くからの風習を目の当たりにしたことです。

食品メーカーに就職できたのは一安心でしたが、職場内での男社会に直面しました。この時も、やっぱり自分の努力ではコントロールできないのかと人生に絶望し、「会社勤めでは豊かに生きられないのでは」とリアルに感じたのです。

その後も、普通の会社員で終わりたくない思いが募りつつも、どうすればいいのか悩む日々が続きました。

その答えを見つけるために思い浮かんだのは、お金、成功法則、自己啓発などの本を読みあさることでした。

そして、さまざまな本を読むなかで、人生を大きく変える運命の一冊にめぐり合ったのです。

お金の知識そのものが人生を豊かにする

私が感銘を受けた一冊は、今もなお名著となっているビジネス書、「金持ち父さん貧乏父さん」です。この書籍には、お金持ちになるための基本的な考えが詳しく書かれており、お金の使い方が理解できます。

読み進めていくと、次のような内容が書かれていました。

「会社勤めだけでは生活のために生きることになり、自分の人生をコントロールするためには『経営』と『投資』が必要である」と。この一文を読んだ時、このまま会社勤めを続け、労働者として人生を終えるとしたら「豊かに生きることは到底できないだろう」と強く感じました。同時に、これは私が直感的に感じていたことが、確信に変わった瞬間でもありました。

ただし、「経営」と「投資」の2つの言葉を見たとき、「経営」にはピンときませんでした。なぜなら、自分の周囲を見渡してみると、家族や友達がすべて会社員でしたので、ビジネスをする感覚が私にはなかったからです。

このような理由から「投資」のほうに興味を惹かれた私は、23歳で投資をスタートしました。

ただし、「金持ち父さん貧乏父さん」は米国の本であり、ビジネスと投資についての具体的な方法までは詳しく述べられていませんでした。

当然、お金や投資に無知な私が、最初から順調に行くはずもなく、失敗の連続となりました。痛い経験を多く積み、短期間で多額のお金を失った経験もあります。

そんな状況のなか、投資に関する知識がほぼゼロでも、数々の失敗を経て進み続けたことで、ある一つの答えにたどり着くことができました。

それは、お金に関する知識がないと、「将来的に人生は搾取される一方である」ということ。簡単に言うと、実は世のなかには豊かに生きるためのさまざまな仕組みが存在し、それを理解しているか否かによって、人生において大きな差を生み出すということです。

この事実を知ってからは、お金の知識そのものが人生を豊かにすると確信し、資格取得や講座受講、金融機関への転職、さらに投資の本を読みあさるなど、お金の知識習得に全力で取り組みました。そして、この経験こそが今の私の仕事の原点です。

人が不安になるのは、先のことが見えないからです。

そして、お金は多くの人の悩みの種になっています。

漠然とした不安や悩みを解消するためには、お金について学び、将来のために自己投資しておくことがもっとも重要です。そうすることで、豊かな人生を手に入れることができるのです。

安定を手放し起業を決意。しかしまさかの……

20年近く会社勤めをしてきましたが、仕事に対しずっと葛藤を感じていました。特に、都市銀行で運用商品のセールスを担当していた時は、自社商品に縛られた提案しかできないことに対し、疑問や不満がふつふつと湧いていました。

自社に忖度した提案しかできない点、つまり「本音が言えない」ことが辛くて仕方なかったのです。

お金の知識を深め、投資の経験を積むにつれ、お客様にとって本当に適した商品が見えてくるようになり、その葛藤は次第に大きくなっていきました。

そんななか、転機が訪れます。

勤めていた会社の外資撤退（外国資本が特定の国や地域から撤退すること）が決まったのです。

すでに会社勤めに限界を感じていた私は、「会社を辞めて起業すべきタイミングだ」という直感がひらめき、それからは迷いがありませんでした。

私は、安定していた金融機関の正社員のポストを手放し、２０１９年の年末、約20年近く勤めた会社を退職し、起業を決意しました。

しかし、人生は思い通りにはいかないものです。

起業を決意した途端に、誰もが予測していなかった未曾有のウイルスが世界中で拡大したのです。

私が開業届を出したのは、緊急事態宣言期間中の5月でした。つまり、起業した時点で、絶体絶命のピンチに立たされたのです。

窮地に追い込まれた末に考えついたのは、SNSを活用してサービスを知ってもらうことでした。

しかし、長い間お堅い金融関係に勤務していたため、SNSとは無縁の生活を送っていました。使ったこともなければ、基本的な操作も理解できず、何よりも目立ちたくないという思いがあり、顔を出すことなど到底考えられませんでした。そのため、苦手意識を克服できずに、悶々とした日々を過ごしていたのです。

しかし、テレワークが推奨されるなか、SNSを使わないわけにはいかなくなり、SNS集客することを余儀なくされたのです。

この状況が功を奏し、現在ではSNSを積極的に活用し、日常的に行っている投稿やLIVE配信だけでほぼ集客しています。

私のSNS嫌いを知っている人からは、「どうやって克服したのか？」とよく尋ねられるようになりました。

そのような質問を受けるたびに思うことは、「習うより、慣れよ！　できるからやるのではなく、やるからできるようになる」ということです。

つまり、得意だからやるのではなく、できないからこそ挑戦しようという考え方にシフトすることが大切だということです。

私自身、すでに会社を退職していたので、覚悟を決めてやるしかありませんでした。言うなれば、背水の陣の覚悟でチャレンジし続けたことで、いつのまにか苦手意識を克服することができたのです。

逆境に追い込まれた時は、覚悟を決めることが必要です。

目の前の課題に全力で取り組むことで、試練を克服できることは少なくありません。

理想の未来は「覚悟」と「本気」でつかむ

SNSを活用した集客により、約1年3カ月で法人化しました。

こういうと、最初から順調に進んだかのように思えるかもしれませんが、実際にはそうではありませんでした。

最初は自分の強みを理解できておらず、軸が定まっていないことで意図したお客様を集客できませんでした。

起業塾に参加し、インスタグラムの更新は頻繁に行っていましたが、「マメに発信するように」と言われたからやっているだけで、まったく魂がこもっていない状態でした。

振り返ると、当時集客できなかったのは、仕事に対して自分の気持ちが乗っていなかったからだと思います。

しかし、起業塾で自分の強みを引き出してもらったことで、状況は好転しました。

お金のなかでも特に投資が得意分野であることや、肩書もファイナンシャルプランナーから投資コンサルタントに変え、自分の軸が確率されたことで、「これからは投資を伝える人になろう」という覚悟が決まったのです。

すると、発信にも魂が入った感覚を覚え、意図したお客さまを集客できるようになりました。老後に向けて備えたい、投資を学びたいという方々からの講座申し込みも徐々に増え、「投資実践講座」が第9期として満席で開催されました。

会社の企業理念は、「お金の束縛から解放され、ライフワークを叶える人で世の中を満たす」です。

会社員時代からこれまでお客様と接するなか、将来のお金に不安を抱え、我慢してやりたくない仕事を続けている人をたくさん見てきました。お金を理由にやりたいことを諦める人も多く、非常に残念です。

特に、私と同年代の女性は、就職氷河期や男性社会などを経験したことで、経済的な不安を感じている人が少なくありません。

そんな方々に声を大にして伝えたいのは、お金について学べば、漠然とした不安は解消されるということです。

みずからの経験を通じて、自分でお金を増やす力と稼ぐ力を持つことで、誰でも経済的自立を叶えることができると確信しています。

このような話をすると、「美伽さんだからできたのでしょう」と言われることがあります。しかし、私自身もかつて起業は別世界の人がやることで、自分には関係ないと思っていた一人です。

しかも前章でお伝えした通り、ＳＮＳの投稿はおろか、アカウントすら持っておらず、さらに人前に出るのが大嫌いな性格が相まって、ＳＮＳとは無縁でした。

会社員の頃を思い出すと、周囲のほとんどが「起業は特別な人がするもの」と思い込んでいたでしょう。一歩踏み出したくとも、重い腰を上げられる人は誰一人いなかったと思います。

私が今までの人生で一番勇気を振り絞って行動したのは、会社を辞めて起業したことでした。

起業し４年目を迎えて今言えることは、一歩踏み出して違う環境に身を置いてみると、まったく別の世界が見えてくるということです。

私が別人のように変われたのは、思い切って起業の世界に飛び込んだからです。

成功して輝いているように見える起業家も、憧れのあの人も、最初はみんな初心者です。今や誰でも気軽にＳＮＳで発信できるようになり、起業するハードルが大幅に低くなりました。

ですから、お金を理由に諦めなくて大丈夫ですし、誰でも可能性は無限大です。

だからこそ、もし今、不満を抱えていたり、やりたいことを諦めたり、我慢して生きていたりするなら、一歩踏み出す勇気を出してほしいと心から思います。

過去の私も40代に入ったとき、「もう40代だから」と年齢でさまざまなことに制限をかけて生きていました。ところが、いざ起業してみたら、50代、60代以上の方でも自分らしく活き活きと活動されている方がたくさんいらっしゃることがわかりました。

年齢に関係なく、新しいことに挑戦する人生の先輩達から、何歳からでも人は輝けるし、挑戦するのに遅いということはないと常に学ばせていただいています。

不満を言いながら人生を諦めるのも、不安だけど勇気を出して新しいことにチャレンジするのも自分次第。どちらを選択しても間違いではありません。

人生は一度きりです。

あの時やっておけばよかったと後悔する人生ではなく、「やりたいことは全部やる！」という勢いで、私は人生を選択していきたいと思っています。

Message

あなたへの
メッセージ

人が不安になる原因の一つに
お金があります。
それを解消するためには、
1歳でも若い時から、
未来のために
自己投資することが大切です。
豊かな人生を送るためには、
ほんのわずかな勇気と覚悟が
必要なのです。

大久保美伽さんへの
お問合わせはコチラ

合同会社「ＯＮ」代表
エステ・リラクゼーション・フィットネス経営

小野望

20代で離婚、
３人の子を抱え
異業種へ挑戦
40歳で再婚、
一家の大黒柱を担う枠に
捉われない生き方とは？

Profile

1979年北海道旭川市出身。19歳で長男を出産し、立て続けに次男、長女と誕生し、23歳にして3児の母となる。しかし数年後に、離婚。3人の子どもたちを抱えシングルマザーとなったことで、地元求人誌で見つけたエステ・リラクゼーション業界へ未経験で飛び込む。仕事に尽力するうちに、新店舗の立ち上げを任されるまでに至り、その後、数社・数店舗の新規オープンに携わる。40歳で再婚し、42歳で第4子を出産するも、次のオープンの立ち上げが決まっていたため、夫が専業主夫、自身が一家の大黒柱となる。そして2024年3月、合同会社「ＯＮ」を設立。

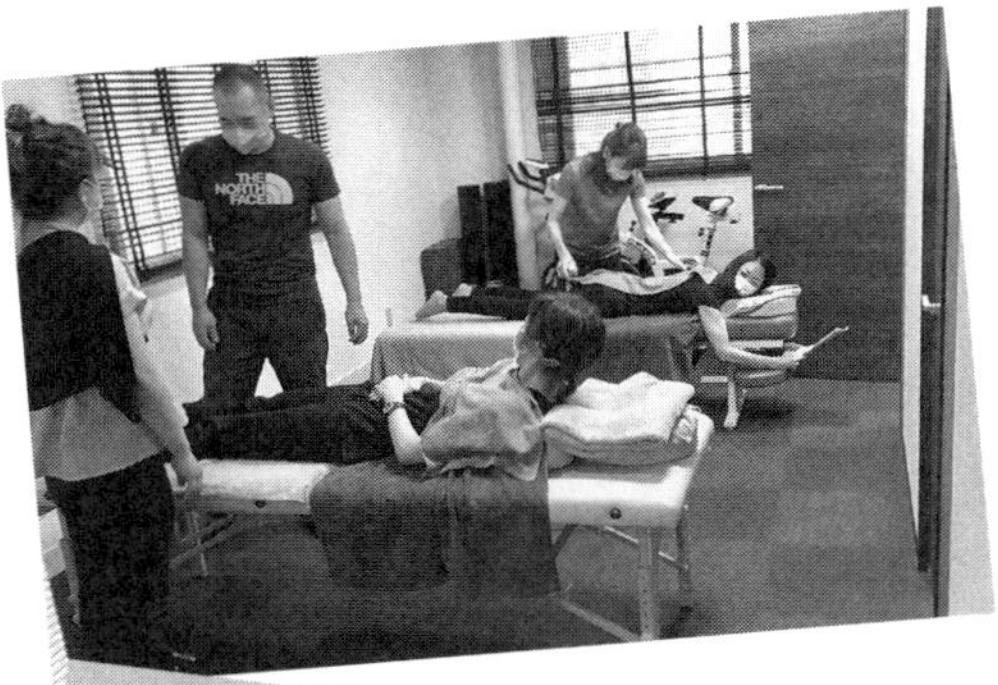

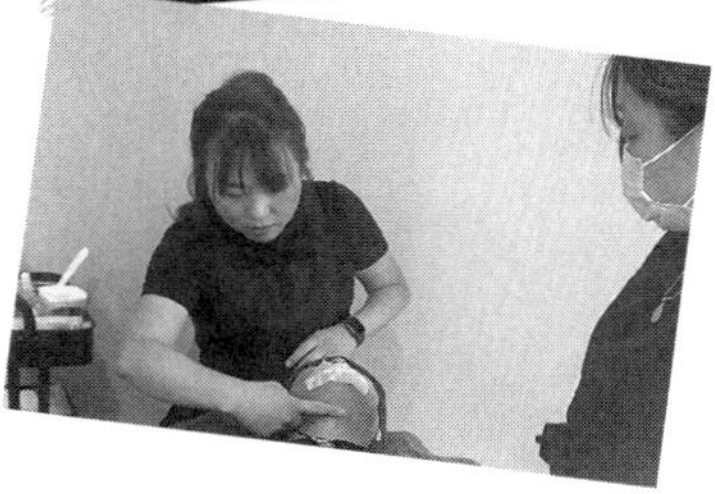

1日の
スケジュール

Morning

7:00　起床

8:30　子どもを保育園へ送迎

9:00　身支度

10:00　事務作業

11:00　各店舗へ出勤

21:00　帰宅し娘を寝かしつけ

22:00　入浴後に晩酌

23:30　就寝

Evening

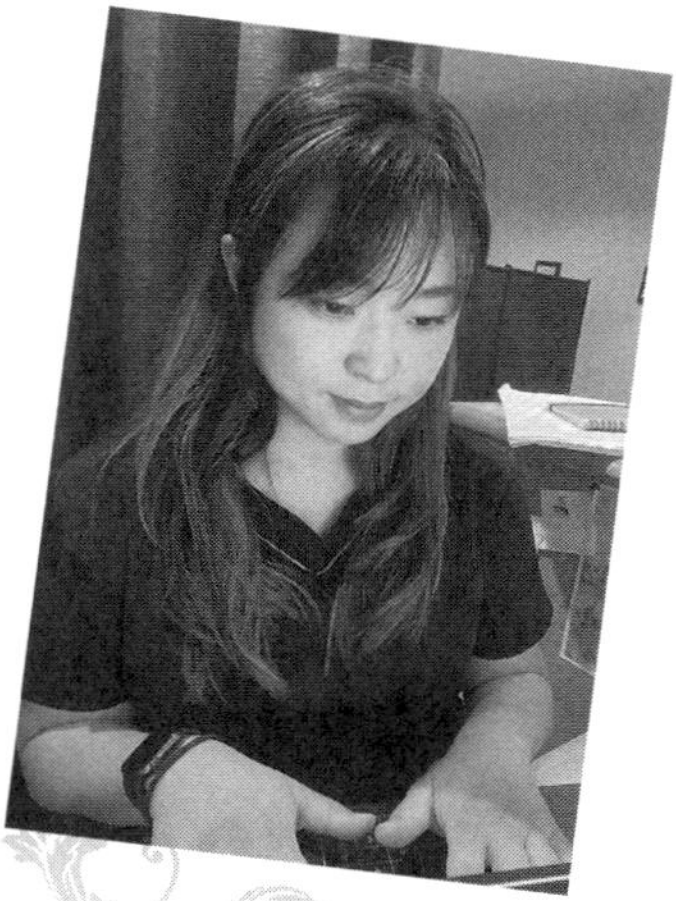

何事も「精一杯」、そして「全力で」取り組む

20代の前半までは、「一生懸命」や「全力」などという言葉とは無縁の生き方をしてきました。そんな私がはじめて責任というものを感じ、考え方が180度変わるほどの意識改革が起きたのは、まだ幼い3人の子を抱えて離婚したことがきっかけでした。それまでは、自己肯定感や自尊心が低く、何かに一生懸命になるのは恥ずかしい、自分にできるわけがない、と決めつけてしまうような消極的な人間でした。

しかし、一人で3人の子ども達を育て上げると決意した私は、嫌でも仕事と子育てを全力でやらざるを得ない状況に追い込まれ、そこから本気で目の前のことに向き合うようになっていったのです。

まず頭に浮かんだのは、子ども達を養うために経済力を持つことでした。さっそく地元求人誌を買い、賃金の高い仕事を探し求めました。そこで、「これはどうかな」と候補に挙がったのがエステ・リラクゼーション業でした。

エステ業界は厳しい世界というイメージがあり、「私には無理だよなぁ」と一瞬尻込みしたのですが、その時の私には「やる」以外の選択肢がなく、思い切って飛び込むことに

したのです。

しかし、いざ働いてみると、10時間拘束8時間労働という、３人の子どもを育てているシングルマザーにはあまりにも激務。実際、子ども達との時間は朝の数十分と早番で帰れる日くらい、あとは休日だけというのが現実でした。

子どもだけで留守番をする日も徐々に増えていき、心のなかで「これで良いのか？」「仕事メインで子育てがおざなりになっているのでないか？」と悶々と悩む日々を送っていました。


そんなある日、仕事で成果を出したことが認められ、入社して間もなく店長を任されることになったのです。

目の前のことに一生懸命、そして全力に取り組んだことがはじめて成果につながり、手応えを感じた瞬間でした。

しかし同時に、周囲の目は厳しくなる一方でした。

当時よく言われたのが、「お母さんが仕事ばかりしていて、子ども達が家に置いてきぼりにされてかわいそう」という言葉でした。

そう言われても、何が正解なのかわからず自分を責めてばかりいましたが、今となっては3人の子ども達が立派に育ってくれたことで「自分は間違っていなかった」と確信しています。

人生は誰しも平等で、楽しい時期と辛い時期があるものです。その苦を楽に変えようと人生の方向転換を考え、新しいことにチャレンジしようとする時は、何かを犠牲にする覚悟が必要です。そして、そんな親の覚悟を子ども達は察しています。

今だから言えるのですが、子育てに専念して常に子どもの近くにいることだけが愛情なのではなく、子どもの手本となり、生き方を見せることも立派な愛情表現の一つだと思っています。

子育て・仕事・遊びすべてにおいて完璧を目指そうとすると一歩が踏み出せないものです。今の自分ができることをできる範囲で「精一杯」、そして「全力で」取り組むことが大切だと気づきました。

最初から大きな目標をもたなくていい

現在の私は、何でもこなし自己肯定感が高く自信がある人のように見られますが、過去はまったくそうではありませんでした。

前章でも触れたとおり、離婚するまでは自己肯定感が低く、何をするにもマイナスイメージばかりが浮かんでいました。

「どうせ出来ない」「どうせ失敗する」という思考の癖が強く、積極的に行動したり、責任を持ったりすることを極力避けて生きてきました。

そんな私が変われたのは、小さな成功体験の積み重ねをしてきたからです。

たとえば、何度も練習して覚えたエステ手技をお客様に施術したら喜んでもらえた、「また次回もあなたにお願いしたい」と言っていただけた、同僚からは「仕事を覚えるのが早く任せて安心」と言われたなど。そんな温かな言葉をかけられるたびに、それが励みとなり、仕事のやりがいや責任感に繋がったのだと感じています。

大げさかもしれませんが、いつの間にか仕事だけではなく生きること、人生そのものに対しても全力かつ一生懸命になることができるようになったのです。

それを実感した体験談を1つお話します。

仕事でリーダーを任されてからしばらくして、北海道最大の集客を誇る店舗の店長をやってくれないかと打診された時のことです。

当時住んでいた場所からは、距離にして約170キロも離れた店舗の仕事だったため、その話を引き受けてしまうと、当時小学生だった子ども達が転校しなければなりません。

家族が何十年と生まれ育った土地を離れ、友達も親戚もいない、知らない場所でやっていけるのか、はじめは不安と恐怖に押しつぶされそうになりました。

しかし、私を信じて期待してくれて大役を任されたのだから、なんとしても応えたいという気持ちが次第に大きくなっていきました。

悩み抜いた挙句、やれない理由を探すよりも、「どうすればやれるかを考えよう」というポジティブ思考に切り替えて、大役を引き受けることにしたのです。

しばらくして、新天地に引っ越しをし、子ども達は転校。落ち着く間もなく新たな店舗の勤務が始まりました。

一人ひとりが新生活に奮闘しながらも、子ども達も自らの頭で考え行動し、助け合いながら暮らすことになりました。お互いに協力する姿は、いつの間にか家族というよりはワンチーム（今でもよく言われます）になっていったのです。

何より驚いたのは、子ども達の柔軟な適応力です。

その様子に私自身も好影響を受け、その後の仕事へ大いに役立てることができました。

壁にぶち当たった時は一度立ち止まり、方向転換をしてまた前を向いて進んでいく。そんなことを繰り返しながら、小さな成功体験をちょっとずつ積み重ねていくうちに、大きな自信へと繋がっていったのは間違いありません。

最初から大きな目標を持ってしまうと、誰でも尻込みしてしまうものです。

ですから、すごく高い壁を乗り越えようとするのではなく、小さな一歩を一段ずつ確実に登っていくイメージをもちましょう。それが、大きな壁の頭上にたどり着く近道です。

40代で再婚、まさかの第４子出産と新たな挑戦

40代に入ると、子ども達も社会人と高校生となり、すっかり手がかからなくなり、今まで以上に仕事に打ち込むようになりました。

そんななかご縁があり、40歳で再婚。なんと、41歳には子どもにも恵まれたのです。まさか第４子を授かるとは思っておらず、涙が出るほど嬉しかったです。

しかしこの頃、痩身・脱毛サロンの新規立ち上げを依頼されており、オープンしたばかりの新規開拓の真っ最中でした。

高齢出産に加え３度の帝王切開術を経験し、ハイリスク妊婦とまで言われる始末。

しかし、再婚した夫は同じ職場のジムでパーソナルトレーナーとして一緒に働いていたため、夫にも協力してもらいながらなんとか妊娠９カ月まで働き、任務を完遂することができました。

その頃、「今まで子育てを頑張ってきたし、仕事も手を抜かずにやってきた、再婚もして出産も控えているのだから、ゆっくり子育てに専念しよう」と考えていました。

しかし、第４子の次女を無事に出産し退院を迎え、自宅に着いてホッとしている矢先に、

1本の電話がかかってきたことで状況は一変します。

電話の相手は仕事関係の方で、「リラクゼーションサロンの新規立ち上げをお願いできないでしょうか」との相談。なんと、産後7日目で退院した日に仕事の依頼が舞い込んできたのです。

きっと多くの女性ならば、今の自分と同じ状況であれば、仕事の依頼は断るでしょう。しかし、「自分はいずれまた大好きなこの仕事に就くだろう」「仕事を楽しむ人生でこれが運命なのだ」という思いが強くなり、依頼を引き受けることを決意したのです。


ただ、生まれた子どもはまだ生後7日目の新生児です。保育園も託児所にも預けられず、お互いの親は遠方に住んでいるため、子守をお願いすることもできません。

そこで私が取った行動は、夫に全面的に家事と子育ての協力を求めることでした。

「専業主夫になってくれる?」

思い切って、そう夫に切り出しました。すると夫は、仕事に対する気持ちを汲んでくれ、快く承諾してくれたのです。

その後は、「夫が主夫、私が一家の大黒柱」という世間のマジョリティとは違った家族のスタイルとなりました。

現在は夫も職場復帰し、パートでパーソナルジムの仕事をこなしながら子ども達の送迎や食事、お風呂など大半の育児を担当しています。

一方、私は相変わらず仕事から帰宅するのは子どもが寝てから、もしくは寝てしまう少し前という生活です。

家族を経済的にサポートしているのはすべて私ですが、大好きな仕事に熱中し続けていられるのは協力してくれる夫のおかげです。

世間では、奥さんが一家の大黒柱というスタイルはめずらしいかもしれません。

しかし、今は女性が自由に人生を選択できる時代になりましたので、「こうでなければならない」と考え方の視野を狭めなくてもいいと思います。

旦那さんが仕事、奥さんは家事や子育てをやるもの、と決めつけずに家庭内を対等にすること。それが女性も仕事、子育て、遊び、すべてに全力で取り組める1つの方法なのではないかと私自身の経験を通して心から思います。

「こうでなければならない」という思い込みがあると、自分を犠牲にする生き方を選んでしまいがちです。そうならないためには、少し視野を広げて物事を柔軟に考えてみるのがよいと思います。あるいは周りに相談してみる。すると、視野がグンと広がるでしょう。

一歩進んで違ったら、軌道修正すればいいだけ！

今後も、やりたいことがたくさんあり、目標も決まっています。1つは外国人留学生へのエステ技術の提供と就労支援。もう1つは、エステサロン新規オープンの手伝いをとおして、世界中の働く女性の応援をしていきたいということです。

基本的に住む場所にはこだわっていないので、私が持つスキルの需要があれば、どこの街でも国でも飛んでいけます。自分に制限をかけず、やりたいことにはとことんチャレンジしたいという意気込みで、いつも仕事に臨んでいるのです。

周りからは「異端児だね」などと言われますが、私からするともっと自分を信じて突き進めばいいのに、と思ってしまう方があまりにも多くいらっしゃいます。

興味があるのに「子どもがまだ小さいから、もう少し大きくなってから」とか「夫に話したらそんなの無理と言われてしまったから」と諦めてしまう方が少なくありません。

しかし、「やってみたいけど私には無理」と自分を過小評価して、まだ何もしていないうちに勝手に自信をなくしてしまうのは、あまりにもったいない話です。

私が声を大にして言いたいのは、「自分の人生を決めるのは子どもでも夫でもなく自分！」ということです。

かくゆう私も、昔は自信がない人間でしたが、時間は有限であることに気づいてからは、興味のあることにはチャレンジするようになりました。

今言えることは、やりたいことや進みたい道があるのなら、精神と体力が1歳でも1分1秒でも若い「今」こそ、動き始めるベストタイミングだということです。

最初から起業するという大きな目標ではなくても、興味がある業界に一歩足を踏み込んでみることも、立派な一歩です。そこから一つずつ成功体験を積み重ねていけば、自信に繋がっていきます。

また、人は夢を叶える時、「直感型」と「目標達成型」の2パターンあると聞きます。私の場合は前者で、直感に従ってその都度、その時々で人生の選択をしてきました。進んでみたけれど「何か違うな」とちょっとでも感じたのなら、方向転換すればいいだけ、と物事を身軽に捉えています。

そして状況に満足せずに、小さな一歩を積み重ねて前進し続けた結果、若い頃には思いもよらなかった仕事をバリバリこなす40代になっていました。

当時、好きで始めたわけではなく、条件で選んだエステ業界。目標もなく、ただ子どもを何不自由なく育てたい一心で、全力で取り組んできた結果、仕事での評価が得られ、次々と大きな仕事を任せられるようになったのです。

思えば、学生時代のアルバイト経験も含めると、飲食業やアパレル、工場などたくさんの業界で働いてきました。そのなかで、エステ業界が一番自分を成長させてくれるとはまったく想像すらしていなかったのですが、気づけば業界歴は18年とベテランの域に達しています。

長く経験を積んだからこそ言えることは、進んでみて道が違ったら、「その時また考える」という「柔軟性」と、その都度で軌道修正していく「臨機応援さ」が大事です。

最後になりますが、過去には自己肯定感が低く失敗ばかりだった私が、今こうして自分の体験をお話してきたことが、あなたの背中の一押しとなれば嬉しいです。

もしかすると、目の前のことがすごく素晴らしい展開につながるかもしれないと期待して、最初の一歩を怖がらずに進んでみてください。

Message

あなたへの
メッセージ

小さな成功体験の積み重ねが、
大きな自信につながった。
いつも、「完璧」ではなく、
「全力」を意識して取り組んできた。
誰しもが自由に
人生を選択してゆける時代。
「こうあるべき」という考えを
手放しませんか？

小野望さんへの
お問合わせはコチラ

有限会社新橋イチカメラ 代表取締役
中古カメラ小売ＥＣ業

木下温代

父の死をきっかけに
家業を継ぐことを決意
業界唯一！競りの出来る
女性社長の苦悩と奮闘、
会社を継続させる
覚悟がここに！

Profile

1959年東京都出身。大学卒業後、銀行や商社、外資系証券会社など７年勤務。1993年、父逝去に伴い、家業（カメラ中古店）を継ぐ。昔ながらの商店で事業継承の難しさを痛感し、1998年、ＭＢＡ（経営修学士）取得のため米国留学。帰国後、当時では珍しかったホームページやネット販売に着手。再開発により、2005年、会社が御徒町に移転したのを機に「業者競り」に参加。業界唯一の女性社長によるカメラ競り業者となる。2009年、ＩＣＳ輸入カメラ協会に加盟し、百貨店の催事にも参加。2023年、カメラ協会退会までの15年間、年間売上成績を常に更新。さらに、ＥＣ事業強化。ネット通販において顧客目線からマーケティング戦略を立てたところ、売上20％ＵＰに成功。現在は業態を変更し、業界初の試みにチャレンジ中

1日の
スケジュール

Morning

7:30 起床・ストレッチ・ウォーキング・家事

9:00 御徒町自社へ出社

19:00 帰宅・食事

20:00 ヨガスタジオへ

22:30 帰宅・情報収集・翌日準備・海外テレビを視聴

25:00 就寝

Evening

同情心から始まった家業への挑戦

大学卒業後、日本産業の中核である銀行・商社・証券会社などでキャリアを築いたＯＬ時代。仕事では評価を得て活路を見出していたものの、家庭では高圧的な父との折り合いが悪く、反抗期が続いていました。父と話すのも歩み寄るのも嫌で、家業である中古カメラ店の仕事にもまったく無関心でした。

そんな私に心境の変化が生まれたのは、父が体調を崩し、入院したことがきっかけでした。

仕事後、毎日面会に行っていた私は、父から店の話を聞かされるようになったのです。話の中心はもっぱら社員達のこと。年齢が50歳前後の人たちばかりで、定年が近づいており、もしここで廃業してしまったら再就職がむずかしいということをよく心配していました。

そんな深刻な状況を知り、私のなかで強い同情心が湧いたのです。ふと浮かんだのは、父が回復するまでの期間限定だったら会社を手伝ってもいいかな、ということでした。情け深い性格が災いしたとしか言いようがないのですが、私はお店を継ぐ意思があるとの思いを手紙に綴り、父に渡したのです。

父は病室に友人を招いて、娘からこんな手紙を受け取ったと嬉しそうに話していたそうです。

それから間もなく父が他界。振り返れば、私から店を継ぐ意思があると聞いたことで会社が存続できると安心し、天国へ旅立ったのかもしれません。

しかし、この感じるがまま行動した一歩が、試練の始まりだったのです。

ＯＬ時代は、好きな仕事を選び、業務を覚えてステップアップしていけばよかったのです。しかし、家業はそんなわけにはいきません。

父が亡くなり同情心で家業を手伝うことになったため、カメラの知識はゼロ。機械オンチでお嬢さま育ちでもあったため、社員からは疎外される厳しい現実が待っていました。

誰よりも早く出社し店内掃除が終わると、「映画でも行ってきてください」と社員から冷たくあしらわれ、仕事もろくに教えてもらえませんでした。

気持ちを切り替え、できることを探しては、「仕事を任せてください」と明るくアプローチする日々が続きます。未知の世界で自分の立ち位置を確立するために、試行錯誤し続けたのです。

その甲斐あってか、ある日、「修理品持込み」の仕事をさせてもらえる機会がやってきました。これは、不具合が生じたカメラをメーカーに持ち込んで、直ったら取りに行く仕事です。またこの頃、写真学校にも通い、撮影・カメラの扱いについて学びながら徐々にカメラのスキルを身につけていきました。

しかし、お客様からの問い合わせにはまだ十分に答えられず、やる気だけでは克服できないのが現状でした。

社員はみな典型的な職人気質で、「技術は盗んで覚えよ」「ローマは一日してならず」という価値観を持っており、非常に厳しい世界でした。特に辛かったのは、社員との世代間のギャップです。古株の番頭さんには、私が新しい挑戦を考案したところで理解できるはずもありません。わかり合えない状況に思い悩むなか、私は一つの決断をしました。

それは、アメリカで経営学を学ぶために留学することでした。そして38歳の時、ＭＢＡ（経営学修士）を取得するために渡米したのです。

しかし、英語力の不足が大きな壁となり、講義が理解できずに苦労しました。授業をレコーダーに録音しては、夜な夜な日本語に訳しながらノートを作成したり、グループ発表では率先して発言したり、最大限の努力を惜しまず過酷な勉強に取り組みました。期末には、３００ページある英語の教科書の内容をノートに写しながら暗記し、試験に挑んでいました。

会社を母に任せて渡米したので、「絶対に学位をとらなければ！」という強い思いがあり、これらの過酷さを克服することができました。

そんななか、渡米中に目にしたネット販売に衝撃を受け、「これは絶対にこれから日本でも流行る！」と確信を得ました。

当時の日本では想像もできない光景として驚いたのは、教科書をアマゾンで注文すると、数日後にはアパートの玄関先に配達されていたことです。今では、通販の翌日配送はめずらしくない時代となっていますが、その頃は衝撃的だったのです。

アメリカでの約2年間の経験が、今の仕事に大きな影響を与えたのは言うまでもありません。いち早くＥＣ（ネット通販・ＨＰなど）に早くから取り組めたのも、アメリカでの経験があったからです。

今確実に言えることは、経営者としての道は、必ずしもやりたいことや好きなことが起業のきっかけになるわけではないということ。目の前のやるべきことに愚直に向き合い、模索しながらチャレンジし続けることで、私のように道が開けることもあるものです。

アメリカ留学後に見えた未来への一歩

アメリカから帰国してすぐに着手したのは、自社ホームページの製作でした。当時日本では、一部の大企業しかホームページを持っていない時代でしたので、かなり先駆けだったと思います。その後、カメラ業界初となる、インターネット携帯サイトを立ち上げました。社員からは冷ややかな目を向けられ、同業者からは、「誰がガラケーで商品を注文するの？」と酷評されました。

しかし、アメリカで学んだ経営学と海外の友人たちのアドバイスに支えられ、「ネット販売や携帯サイトは売れる」との確信が揺らぐことはなく、着実に前へ突き進んでいきました。

その結果、携帯サイトを開始してわずか2週間で初の注文が入り、その反応の速さに自分自身が一番驚いたことを覚えています。これを機に、写真学校以外でのアルバイトを通じて、カメラ操作や現場の知識を深めたいと考え、休みの日に七五三や成人式の撮影バイトを始めました。中判の「マミヤRZプロ２」というカメラを購入し、特設スタジオでのイベント撮影が主な仕事です。七五三や成人式は、人生において大事な一コマとなるため、撮影ミスは許されません。

しかも、今のようにデジタルカメラが普及していない時代です。現像するまできちんと写真が撮れているかわからず、仕上がりを確認するまではドキドキでした。さらに、七五三撮影では、不安になり泣き出す子や、動いてしまう子に対処するためにぬいぐるみを使用し、短時間で撮影する離れ技をやってのけなければならなかったことも勉強になりました。初心者の私が会社の指示に忠実に従い、何とかNGを出さずに仕事を遂行できた時は、胸を撫で下ろす思いでした。

一方で、私の横でベテランカメラマンが、カメラの縦・横指定を誤り、撮影したフィルムがすべてNGになったことがありました。この出来事は、お金をいただいて撮影する厳しさを知る良い機会となりました。

同じ頃、「業者向け仕入のオークションサイト」という画期的なシステムが同業者によって発表され、これに参加することになりました。オークションサイトとは、商品に多数の画像と説明文が添えられ、48時間の制限時間内にもっとも高い金額を入札した業者が落札できるシステムです。万が一金額を間違えて入札しても、実物が想像と違っていても、一切返品が認められず、プロ同士の真剣な競り合いが繰り広げられます。

このオークションは11年間続き、私は専任として参加しながら、カメラの商品知識や相場を徐々に覚えていきました。ちなみにこの時期は、デジタルカメラがまだ一般流通しておらず、オークションやＳＮＳも現在ほど盛んではない時代でした。

ここで、弊社にとって危機的な状況が訪れます。

２０１６年初頭、自社店舗が入居していたビルの立ち退きが決まり、移転しなければいけない事態となり、弁護士を雇い交渉しました。自営業の経営者として、法的交渉も担当しなければなりませんでした。

移転先を探すのに思いのほか難航し、結局２０１６年末には移転先が見つからないまま物件の引き渡しを余儀なくされたのです。

この際、古参の社員達が自主退職してくれたものの、後にこれが大きな問題となります。彼らには、父が国の退職金制度で積み立てていた資金から、退職金として約１０００万円近く支払いました。

しかしあろう事か社員からの偽告発があり、取引先から、「社員が30数年も会社に奉公したのに、１円も退職金を支払わずに放り出した」と言われ、業界に広く知れ渡ってしまったのです。仕舞いには、「鬼女」とまで罵倒されましたが、事実無根でしたので火消しは行わず、今後の仕事の成果と実力で信頼を築いていこうと心に誓いました。

「挫折と奮闘」家業を守り抜くために

ようやく移転先が御徒町に決まり、元社員が参加していた「カメラ交換会」と呼ばれる競りに参加しなければなりませんでした。当時、ネット仕入れに携わっていた私でしたが、競り場でのスピード感ある競りについていけないばかりか、商品知識も不十分で、情けない気持ちになりました。父は亡くなる10年ほど前から競り場には出ていなかったため、カメラ交換会の話を聞いたことがなく、やり方がまったくわからなかったのです。教えてくれる人もおらず、逃げられない状況のなか、私は自分の知恵を駆使して何とかピンチを切り抜けました。

振り返れば、真面目で愚直に生きてきたことで、いつの間にか競りや外部での買い付けに慣れ、それに伴い売上も上がってきたのは喜ばしい限りです。

しかし、この仕事に携わってから、一番に考えていた社員達とは確執続きで、悩み苦しい時間を過ごしていました。30年のカメラ屋人生で、10年に一度の割合で裏切りや離反が起きていたのです。こちら側にも非があるでしょうが、これは日本で活躍する多くの女性経営者が抱える問題の一環ではないでしょうか。

女性であるがゆえの差別や理不尽な批判が、カメラ業界には根強くあります。日本は、先進国のなかでも女性の議員や社長が極端に少ない特徴があり、それは我々中小企業にも確実に出ています。

店舗を御徒町に移転した際、はじめはスタッフを厳しく指導していましたが、慣れてくると仕事中にパソコンで趣味のサイトを閲覧したり、守秘義務を破ったり、見るに見兼ねない業務態度が目立つようになりました。

業務に支障が出ると判断した者は辞めさせ、一旦全員退社する事態になりました。すると、同業者が口を挟んできて、「社員全員解雇で8月末には廃業だ」と、あることないこと業界中に言いふらされた経験もありました。

しかし、この時も火消しはせず、冷静に行動しました。さすがに外部からの攻撃には動揺しましたが、理性を失わずに前進する勇気を持ちました。

その後、数名の求人応募があり、そのおかげで新たな舵取りに邁進し始めることができたことは幸いでした。

ここからは、従業員との対立を繰り返さないために、「報・連・相」を着実に実行させ、できるだけNOを言わない方針に転換しました。しかし、それではじめの5年間は順調でしたが、人は慣れてくると楽な方・ダメな方に流れていくものです。社長からNOを言われないことで、社員達は都合のいい解釈をし、仕事を切磋琢磨しなくなりました。

ある時、店長が「社内システムをデータ管理にしたい」と申し出た時も、自己責任で通常業務に支障をきたさないという約束を条件に許可したところ、最終的には約束が守られませんでした。システムが複雑過ぎて使い勝手が悪いばかりか、データ作りに没頭するあまり、業績までもが悪化したのです。

この経験から学んだことは、小企業でも社員が新しい取り組みをする際には、企画書や稟議書、費用対効果が分かる計画書を提出すべきだということです。新しいシステムへの取り組みは、当初の予定とは違う形になり、顧問税理士に相談したところ、「御社には、簡便なシステムが一番です」とのアドバイスを受けてしまいました。

経営者は、他人や物事が思い通りにいかないことを当然のことと認識すべきです。どのような問題にも柔軟な思考と前進する強さ、ストイックな精神が会社を継続させる秘訣だとみずからの経験をもって痛感いたしました。

人生は「知恵」と「創意工夫」で何度でも切り開く

記憶に新しい新型コロナウイルス感染症。店舗販売をやっている同業者たちは、東京都の要請でほぼ全面閉店し、存続の危機に追い込まれていました。

弊社は、この1年半前にホームページリニューアルと、決済機能のついたECサイトを立ち上げていたため、店舗閉鎖中でも注文を受け、売上を順調に伸ばすことができたのは幸運でした。

2年ほどは苦しかったですが、タイミングと運が味方してくれたと思っています。

話は変わりますが、この本を手にした方は、カメラが写真を撮る以外の目的で使われていることをご存知でしょうか？

最近では、音楽・演劇・スポーツ等のチケット不正転売禁止法が制定されました。通常の転売自体は違法ではありませんが、苦労して買い付けし修理したカメラがネットオークションにて高値で転売され、金儲けの道具にされています。

転売ヤーたちが登場したのは10年ほど前で、当時からその問題を警告してきましたが、カメラ小売店らは高額販売ができる「捨てがたいツール」とばかりに喜んでいる状況でした。当時、百貨店販売をしていた弊社も、転売ヤーへの販売は例外ではありませんでした。

最近、弊社ECサイトにおいて、カメラの取扱い方法を知らずに購入し、誤った扱いをして壊してしまう人も少なくありません。この際、「最初から壊れていました」と申し出る人も多く、これが困りものです。私たちはプロですから、最初からではないことぐらい承知していますが、お客様に対し「絶対に違う」とは言えません。また、通販商品の到着時に機械的故障で動かなくなった機材もたまにあります。このケースでまれに、罵倒的な表現や人権侵害と受け取られるクレームメールも届きます。

インターネットの普及により便利になったことはたしかですが、一方で、誹謗中傷やいじめなど深刻な被害が発生し、社会問題となっています。

この被害は、残念ながら商いの世界でも頻繁に起こっているのが事実です。このような状況を鑑みると、今後弊社が目指すのは、業界でまだ誰もやっていない挑戦です。

たとえば、一見さんお断り飲食店があるように、会員制の中古カメラ店があったらどうでしょう。写真愛好家さんたちが、ゆっくり相談したり、不要な機材を売りながらじっくり品定めしたり、レアな商品も見つけられたりすることが叶う場です。構想はどんどん膨らみます。

インターネットの普及により、世の中のスピードが急速に加速しており、それに伴いイライラや怒りっぽい人が増えています。

この影響で、流通店舗責任者は精神を病んでしまうことが多く、何だかおかしな哀しい状況が拡がっているのは残念なことです。

弊社のような商店が、大きな組織の支援を受けずにどれだけ頑張れるかはわかりませんが、30年にわたる経験とＩＴの情報技術を活かし、時代を見据えた新しい商売のやり方を模索していきたいと考えています。

人生は幾度となく危機が訪れるもので、写真業界で30年経営してきた唯一の女性経営者の私も、新たな試練に直面しています。現実は安泰ではありませんが、知恵と創意工夫で、何度でも道を切り開いていきたいという覚悟で臨んでおります。

Message

あなたへの
メッセージ

弊社は、転売やカスタマーハラスメント、
社員不足などの問題を抱えつつ、
新たな取り組みに挑戦中です。
危機的な局面を
何度も経験してきましたが、
生き残る手立てはあると確信しています。
あなたも未来を見つめる聡明な眼を持ち、
死に物狂いで行動すれば、
必ず道は拓けるでしょう。

株式会社シルクふぁみりぃ 代表取締役
衣料品の企画／製／小売業

桐生由美子

手頃で健康に貢献する製品を届けたい！会員数９万人超えを誇るネットショップ秘話とものづくりへの想い

Profile

1953年大阪市出身。京都美大が京都芸大と変わる年に工芸染織部門で受験するも不合格。その後結婚し、4人の子どもが誕生。子育てが一段落ついた47歳の時、もともと大好きだった生地や染め・縫製などを活かして、ネットショップを立ち上げ、絹やオーガニックコットン、ウール、カシミヤなどの天然素材を扱う製造販売に携わる。2009年に個人事業主から株式会社へと法人化。現在は、会員登録者数9万7千人の「株式会社シルクふぁみりぃ」の代表取締役を務める。

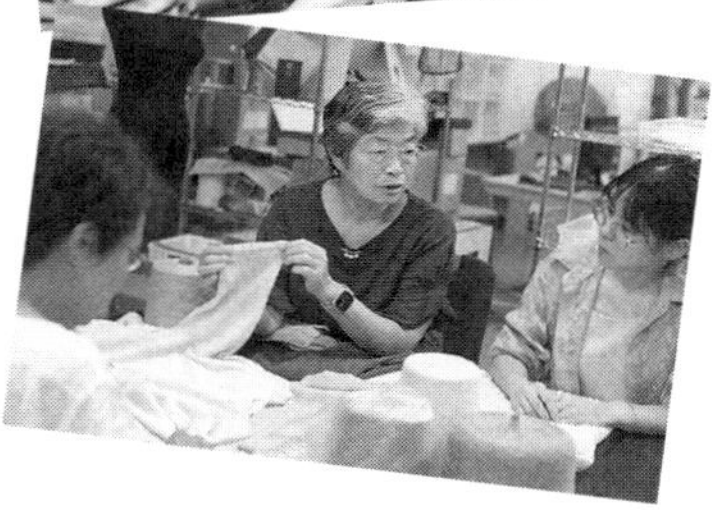

1日の
スケジュール

Morning

6:30 起床

7:10 植物の水やり

7:30 夫と朝食

9:20 出社

9:30 ショールームの草花の世話

10:00 仕事

16:30 帰宅

17:30 夫と夕食

22:30 就寝

Evening

ネットショップの一歩は2足の靴下販売から

お気に入りの5本指靴下を紹介するためにホームページを作り始めたのは平成12年で、神奈川から奈良に越してすぐの頃です。その数年前、パソコンに詳しい夫がホームページの作り方を教えてくれていました。当時のインターネットはまだアナログ回線で繋ぐ時代で、接続するたびにダイヤルアップの音が鳴り、ホームページを作る間に繋ぐだけで、1〜2万円もの電話代がかかるという感覚でした。

そんななか、近所の催事で自社の靴下を販売していた工場勤務の方と出会ったことが、私がネットショップを始めるきっかけになったのです。彼と話していると「あんた、何やってる人やねん?」そう聞かれたので、「ホームページを作れます」と答えました。さらに、「この辺では靴下工場がどんどん潰れてるねん。そのホームページというやつで、うちの靴下売ってくれへんか?」そう言われたので、「いいですよ! 売れないと思いますけどね!」と私は笑顔で答えました。まずは、「口ゴムゆったりの絹の5本指靴下」を習い覚えたホームページで紹介しました。ブルーの色画用紙の上に紳士用Lサイズ、ピンクの色画用紙の上に婦人用Mサイズを置き、景品でもらったデジタルカメラで撮影したのです。

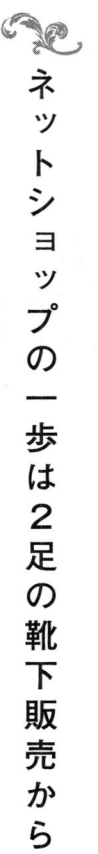

それから24年が経ち、現在の「シルクふぁみりぃ」には、数百種類の製品がそろっていますが、最初の一歩は、その2足の「エコシルク5本指靴下」の撮影から始まったのです。現在は、インターネットで「5本指靴下」と検索すると、1360万件もヒットしますが、当時は7件しかヒットしない、そんな時代でした。

私はいつも、「常識とは自分が作っていくもの」だと思っております。「企業とはこうあるべき!」そんなこと、私とは無関係でした。

肌着メーカーなどの一般企業では、製品の定価は製造原価の3~4倍に設定されています。つまり、半額セールを実施しても十分な利益が残るように計算されているのです。この事実を知ったのは、ネットショップに携わってからずいぶん経ってからのことでした。

一般的に子どもを持つ普通の主婦は、絹が肌に良いとは知っていても、高価な肌着を気軽に購入できないのが現実です。特に4人もの子どもがいれば、食費や学費の支払いに手一杯で、自分のためにお金を使うとなれば、食費を削る以外に選択肢はありません。ですから、そんな私のような状況の主婦でも「食費を減らさなくても購入できる価格にしたい」それが私の価格決定の基準であり、今も変わらないコンセプトです。会社を大きくしようとか、豪邸を建てたいなどの野望は私にはありません。現在も中古で購入した築35年の家をリフォームしながら、節約とお料理好きなまま、楽しく暮らしております。

また、一般的に「シルクはお洗濯が難しい！」というイメージを持たれていますが、アルカリ系の洗剤を使わなければ、肌着や靴下なら洗濯ネットに入れて洗濯機で洗うことができます。これも、新しい常識として広めたいことの一つなのです。ただアウター系は、やはり万全を期して、手洗いをお願いしたいです。

開業15年目にしてはじめて入った税務調査で、担当官から言われた次の言葉がとても印象に残っています。

「ここへ来るまで僕ら、この会社の女社長さんは〝すごいやり手の人〟やと思っていました。でも実際にお会いしたら正反対でしたね！」つまり彼らから見て私は「普通のおばちゃん」だったようです。それを聞いて、なんだか嬉しかったことを覚えています。

私はいつも通っている道とは違う道を行くのが好きです。それは人生の選択においても同じです。たとえば、選んだ道の先がもし崖だったなら「引き返せばいいだけ！」そう考えています。一歩踏み出さなければ、見えない景色があります。考え過ぎて踏み出せなかったとしたら、素晴らしい風景を見ないまま終わる人生になってしまうのですから……。

この考え方の先に、現在の「シルクふぁみりぃ」が存在しております。ぜひ、思うだけではなく、最初は軽い気持ちからでもいいので、一歩あゆみ出してみてください。道が違っていると感じたなら、「戻ればいい」それだけなのですから。

お客様から教えていただいた「シルク」の良さ

私は小さい頃から肌が弱く、母が近くの衣料品屋さんで買ってくれるショーツのゴムで、いつもお腹に赤い「みみず腫れ」ができて痒くて痛くて、なぜもっとゆったりと作ってくれないのか、とても不思議でした。

でも、その子どもの頃の悩みが今に活かされているのです。

絹の靴下だけでなく、お客様からのご要望で、シルク系のショーツを作り始めて数カ月経った頃、驚いたことがありました。それは、私も着用していた内側が絹で、外側がコットンのショーツでしたが、局部に当たる部分のシルクがすぐに摩耗してしまうという問題点が出てきたことです。この時、「失敗作を作ってしまった！」と思ったのですが、同時にお客様からたくさんの感謝メールをいただき始めたのです。しかも、「このショーツを履いて、何着目かで月経痛がなくなりました」とか、「救急車を呼んだ経験もある生理痛がどんどん軽減して、今は腰が少しだるい程度になりました」など、驚くような内容ばかりです。

私自身は子ども4人を安産で出産していましたので、自分の子宮に問題があるとは思っていませんでした。そんな私も、子宮の真下にすぐ穴が空くのを目の当たりにして、やっぱり子宮は「デトックス器官」なのだと納得いたしました。

足元からの毒素が盛んに排出されると、絹の繊維を溶かすことがあります。そのデトックス作用により、絹の5本指靴下の絹部分が消えて破れることは何度も経験していましたが、子宮でも同様のことが起きるなんてはじめは信じられませんでした。

高級なシルク肌着は、手触りがスベスベの綺麗な生地です。私がはじめてニット生地を編み上げてもらった時、業者さんからこんなアドバイスを受けました。「シルクをキレイな生地にするために、一般的には最終的に薬品加工して汚れを流します。あんたも、それをしておかないと、蚕は口から桑を食べて口から糸を吐くからどうしても着色部分ができてしまう。クレームが来るから、みんな加工していますよ」と。

その時、即座にこう答えました。

「いいえ、私はその事実もホームページに書かせていただくから大丈夫です。キレイな製品を作るより、健康に貢献してくれる製品を作りたいのです」

見た目を重視するのではなく、本当に肌に良い製品を作りたいという小さい頃からの思いを貫く選択をしました。

そして、それが功を奏したのだと思います。期せずして、シルクが肌に良いだけではなく、健康に役立つことがわかったのです。

弊社で扱っている生地は奈良県で編み上げ、そして縫い上げているのですが、業者さんに言われたとおり、現在も着色によるアウトレット品はたしかに多く出てしまいます。ただ私は、薬品処理をすることで生地がキレイになったとしても、シルクに期待できる効果まで一緒に流してしまうのは多少なりとも嫌でした。

アウトレットになってしまった製品は、毎年1月に「もったいない袋」と名付けて販売させていただいています。これは、許容量以上に着色部分が出た製品や、ご使用に差し支えない規格外製品など2万円前後の製品を袋に詰めて、数千円でお買い上げいただくイベントです。約10年間、毎年350個ほど作らせていただいていますが、そのイベントでは、多くのお客様から喜びの声をいただき、そのお声から私たちもまた元気をいただいているのです。

実は、中国で作った安価なシルク生地を使って肌着を作っても、日本で縫製すれば「日本製」と表示できるのが現状です。でも、私はこれからも今までどおり、本当に糸から吟味して作る「ホンモノ」を目指していくつもりです。そして、それらが、少しでも健康に貢献してくれる製品になってくれたらと心から願っています。

夢が教えてくれた人生で大切なこと

私は若い頃から、夢のなかでたくさんのことを教えてもらうことがあります。おそらく、自分が自分に伝えたいことを夢のなかで「教えてくれている」のだと思うのです。

たとえば、５年ほど前に見たある日の夢は、とてもリアルで心に残っています。夢のなかで、がん宣告を受けて、「余命３カ月」と言われたのです。

私が見る夢は詳細なことが多く、まさにこの夢も現実味がありました。そして今も、余命を告げられた時に出た感情を思い出します。夢のなかで、必死で考えていました。「このがんを治せるなら何でもする！」「このがんさえ治ったら、どんなに幸せか！」そんな風に思いました。今までの生活を見直して、どこが間違っていたのか、どうすれば少しでも長く生きられるのか、本当に恥ずかしいほど心はジタバタしました。

「子ども達のことや夫のこと、自分がいなくなってから困らないだろうか。このがんが消える方法があるなら」と必死に考えたのです。そして、途方に暮れて悲嘆の谷底のなか、パッと目を覚ましました。 その瞬間、「え！ 私はまだ生きているの？」「がんって、まさか夢だったの？」「私は、まだこれから3カ月後も生きていられるの？」と、それが現実だと気づいた時は、これ以上の幸せはありませんでした。

別に何が変わったわけではなく、いつも通りの平凡な毎日にもかかわらずです。それが、すべてに感謝という気持ちで、「生かしてもらってありがとうございます！」と叫びたくなるほどでした。３カ月先も、３年先も、ひょっとしたら30年先も生きていられるかもしれない。それは当然ながら、これまで当たり前だと思ってきたことでした。

平凡な日々がどれほど幸せなことかを理解した瞬間、今まで何の感謝もなく生きていた自分に気づかされました。

もし本当に余命３カ月だったら、何をして、どう生きて、どう死にたいのか、それは今後の課題です。

明日が見えないという混沌とした時代に、私たちは生きています。気づいていないだけで、がんの小さな芽は肉体細胞のなかで毎日５０００個は生まれているそうです。つまり言い換えれば、毎日がん宣告されているようなものなのかもしれないのです。毎日生まれているたくさんのがんの芽は、自分の免疫力が治してくれていると聞きます。

今、思うことは、シルクなどの天然繊維で身体を温めて免疫力を高め、どうせ生きるなら元気に過ごしたいということです。災害や事故、突然の心臓疾患などいつ何が起こるかわからない日々のなかで私たちは生きています。朝目覚めて一番に、「今日も生かされている！　ありがとうございます」と思えたらいいですよね。


年々、時間が早く過ぎるように感じていますが、予定ではあと30年ほど生きるつもりです。

ただ、実際に30年生きたとしても、「一瞬だった」という感覚かもしれません。だからこそ、これから残された生涯、常に一瞬を大切に生きたいと思うのです。

「一日一生」という言葉がありますが、「一瞬一生」という気持ちで生きても良いですね。

「当たり前の毎日」って、実はすごく幸せのなかにいるのだという事実を、心でしっかりと感じながら生きたいです。

人生で大切なことに気づかせてもらった夢の話をご紹介させていただきました。


思っているだけでも、時間はどんどん過ぎ去っていきます。

だからこそ、やりたいことにチャレンジして、「失敗しても気にしない、また明日新たに挑戦して行こう！」というくらいの気持ちで、これからも進んで行きたいと思います。

人は皆、結局は平等だということ

周りの方々を見ていて、思うことがあります。それは、人はみんな平等なのだということです。そう思ったきっかけは、子どもの頃に本を読むのが好きだったことからです。「文字」にやたら興味があった私は、2歳上の兄が小学校に入った時、彼の国語の教科書をこっそり盗み見ては、巻末の漢字を覚えていました。当時、漢字についてまったく知識がなく、1つの文字には1つの読み方しかないと思っていたことを思い出します。

数年後、母が子ども文庫の偉人伝を買ってくれました。

その本を読み進めていくと、ある疑問が湧いてきました。それは、親に恵まれない環境で育った偉人が多いということ。その本に出会うまでは、しっかりと親の愛情に包まれて育った方が偉人につながる良い子になると思っていました。だから、子どもにとても不思議だったのです。その思いは、大人になるにつれてますます膨らみました。

周りを見ていると、お金持ちだったり、美人だったり、頭が良かったり、生まれた時から大きな差が既にあるのです。それって絶対不平等ですよね。

こんなに違いのある人生を、誰が選んで生まれてくるのか？

しかし、よくよく見ると、実はみんな平等なのだと実感します。

お金持ちや美人な方は、その魅力が際立って見えるため羨望の的になりやすいのですが、トータル的に見れば、みんなそれぞれに素晴らしい星を抱えて（才能などを持って）生まれてきています。たとえば、目立たない星もあれば、一瞬でパッと目を引くような羨ましいと感じる星もあるでしょう。でも、とても健康だったり、素直な心を持っていたり、良い人と出会えたりする人もいます。表立っては見えないけれど、たくさんの人と出会うほど、その輝きが見えてきます。だから、何も羨ましいと思わなくても良かったのです。自分が持っている星を喜んで素直に受け入れていけば良いだけなのでした。

そんな私も、中学生になる寸前に両親が離婚いたしました。今から60年近く前の離婚は、社会的にも環境的にも大きなダメージがありました。

でも、周りから「あそこの家の子が普通に育つわけがない！」と言われた時、自分のなかでその言葉を追い風に変えました。「いいえ、大丈夫です！　私はちゃんと育ってみせますよ」と。お金があっても幸せじゃない。つつましいなかでも家族仲良く団欒（だんらん）の時間を持てたらいいなと思った思春期でした。私の常識は、「お金は必要なだけあればいい。それより会社のみんなで仲良く過ごしたい」ということです。

現在、弊社には社員とパートさん含め30人近くの方が働いてくれています。彼女たちの生活が楽しかったらいいなと心から願っています。みんな「生活のため」に働いているのであり、その過程で「会社のため」という意識は後からついてくるものです。最初に入社した当初10代だったスタッフは今では30代半ばです。40歳前後で入社したスタッフは、もうすぐ60歳になります。子育てや介護の時期を経て、時には助け合いながら、みんな和やかに過ごしてくれています。そんなスタッフ達の笑顔も、心地よい肌着や靴下と共に、お客様にお届け（お贈り）したいと思っているのです。

注文が増えた18年ほど前、忙しいのが苦手な私は、同居していた次男にこう言いました。「こんなにたくさんの発送は私には無理やから、もうやめようかと思うねん！」と。それに対し、やはり肌が弱かった次男は、思いもしないことを言ってくれたのです。「せっかく始めて、軌道に乗ってきたし面白いやん。発送は俺が派遣仕事の合間にやるからやめんとき！」

それ以来、彼の仕事はどんどん増えて、パソコンの管理や給与計算、支払い、糸と工場との関連などむずかしい業務を全部やってくれるようになり、本当に良かったと思っています。彼は「ここの社長は、おかんが死ぬまでやっといてやぁ」と申しております。彼もお金にあまり関心がなく、お客様が喜んでくださる方向を目指してくれるのが嬉しいです。また、主婦感覚では絶対に作らない、いえ、作れないような生地も企画して作っています。

たとえば、靴下の内側のパイルにカシミヤ混を使うなんて、私にはできません。また、ベルガモットは内側がシルクで外側がウールのニットです。そんな思い切った糸の使い方をする製品は、全部彼の企画なのです。それらが、他製品を凌ぐ（超える）人気製品になってくれていることも嬉しく思います（＊弊社では布名にハーブ名を使っています）。

私は親に恵まれない星に生まれたのかもしれません。でも、人との出会いや健康、子ども達の星は数えきれないほど持っていたと思います。人との出会いでは、スタッフやお客様、友人、恩師、工場の社長さんなど、たくさんの方々から温かい心をいただいてきました。

私は美人でもお金持ちでもない、ただの「普通のおばちゃん」です。

でも、「チャレンジ精神」と「行動力」、そして「素晴らしい人との出会い」という星を、これまで十分に活かしてきました。皆がそれぞれに自分の星を信じて進んでいけば、きっと大きな世界が広がると思うのです。こんなにも幸せでいいのかと思うほどです。人生は時間が限られています。寿命の残高は日々減っておりますが、まだまだ持ち前のチャレンジ精神で前進したいと思っております。

最後に、今回半生を振り返る機会を与えていただいたこと、出版社の皆様に感謝申し上げます。ありがとうございました。

Message

あなたへの
メッセージ

どんな時も前向きに、
そして楽しく生きたい。
これが私のモットーです。
そんな想いを形にしたら、
「シルクふぁみりぃ」が誕生しました。
水面に投げた小石のように、
そんな喜びの輪を広げていきたいです。

桐生由美子さんへの
お問合わせはコチラ

株式会社フリーステーション 代表取締役
在宅介護事業／ヘルスケア事業

小宮悦子

人生100年時代の働き方・生き方とは？働く世代の健康づくりや保険外看護サービスに挑む女性経営者ストーリー

Profile

1962年神戸市出身。高校まで神戸で過ごし、その後大阪市内の看護専門学校に入学。看護師国家資格を取得後、大阪市内の企業系総合病院の手術室に勤務。2年後に結婚し、27歳で長女、29歳で次女を出産。30歳から在宅介護に携わり、超高齢社会の課題に直面する。現場の改善を志し、39歳の時に起業。当初は「介護や病気でお困りの方を全力でサポートすることをミッションとする「在宅介護事業」を展開。20周年を機に視点を変え、「今、お困りのことを全力でサポート」「未来の課題解決に全力でチャレンジ」という2つのミッションを掲げる、「未来事業部」を生み出す。現在は、働く世代の健康づくりや、保険外の看護サービスに注力している。

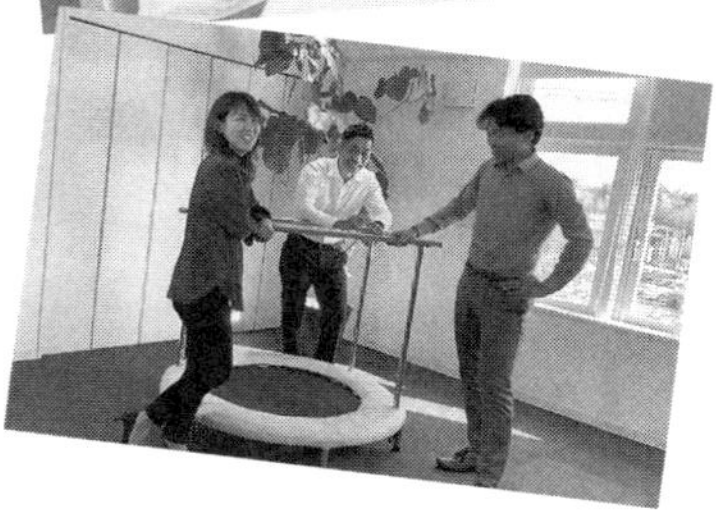

1日の
スケジュール

Morning

6:00 起床・家事

8:00 出勤またはジムやヨガスタジオ

9:00 仕事打ち合わせや運動など自由に

17:30 事務所へ戻り、スタッフと
打ち合わせや報告を受ける

20:00 持参したお弁当で夕食

22:00 帰宅　家事

23:00 入浴

0:00 就寝

Evening

医療介護業界での経験を経て

高校生の時、進路を決める段階で、看護師資格を取得できる学校への進学を希望しました。なぜ、そう考えたかというと、今思うと可笑しいのですが、「看護師になれば、それなりの収入が得られるのでは」と思ったからです。そして、もう一つの理由は、子どもの頃から誰かと一緒にいることが苦手で、人と違うことが大好きだったからです。願わくは、遠くの学校へ一人で行き、誰とも違う新しい道を見つけようと思っていたのです。

しかし、現実には何校か受験したなかで唯一合格した大阪の専門学校に入学し、全寮制の学生寮に入ることになりました。思い描いた夢とは違いましたが、なんとか卒業し、無事に国家試験にも合格。初めての職場は、企業系の総合病院の手術室でした。

当時の手術室は、淡々と仕事をこなすスタイルで、それが自分に合っていると感じていました。毎日が楽しく充実しており、「家庭を持ちつつ、一生仕事もする」という目標を叶えるために、21歳の時、「早く結婚して子どもを産み、30歳には第一線に復帰しよう！」と決めました。思えば、このとてもシンプルに思いついた決め事が、今の私の原点に繋がっています。もちろん、その当時は現在の自分を想像すらしていませんでした。しかし、今だから言えるのですが、結局、自分が決めたことを決めたように進んでいくことで、最高の場所にたどり着けるのかもしれません。

そして、そんな自分との約束を交わしてすぐに結婚のタイミングが訪れ、22歳になる直前に結婚しました。その頃は、手術室勤務の看護師が結婚後も仕事を続けるという事例がなく、周囲からは当然やめるだろうと思われていたようです。しかし、人と違うことや、誰もやっていないことに先頭を切って挑戦するのが大好きだった私は、もちろん退職するつもりはまったくありませんでした。

そのような人がいなかった分、当然ながら嫌がらせもあり、居心地の悪さも感じていました。しかし、「30歳には第一線で働く」ことが前提だったため、キャリアを捨てるつもりはなく働き続けました。想定外だったのは、結婚後すぐ子どもに恵まれなかったことです。流産を2度経験し、結局27歳で初産となり、計画より3年遅れてしまいました。長女の出産は平成元年ですが、まだ育児休暇がない時代でしたので、産後2カ月後には職場復帰し、残業免除という形でしばらく同じ手術室で勤務していました。

また、仕事を続けるうえで、プライドを持ち続けることも譲れない条件の一つでした。とはいえ、若い頃の自分が考えることです。「ある程度出世して、収入も得て、気持ちよくかっこよく働きたいな」という考えだったと思います。

職場復帰して半年ほど経った頃、郊外へ引っ越しをすることになりました。その後、しばらくは救急外来や専門学校の講師のアルバイトをしながら子育てをし、3年後に次女を出産。それをきっかけに、まったく予測していなかった仕事に就くことになりました。それが在宅介護の仕事です。

いつの頃からかタイミングを大切にしているのは、この転機があったからです。「どうして医療から介護業界へ転職したのですか」「どんな思いがあって介護の仕事をしようと思ったのですか」とよく質問されますが、至って答えはシンプルです。それは、介護の仕事はまったく未知の世界でしたが、たまたま子育て中に知人の紹介で勧められた仕事だったからです。そのような理由で、わけもわからず飛び込んだ職場でしたが、「仕事は一生やる」という決意だけは譲れなかったので、とにかく勉強に励みました。

数年間は、医療と介護の違いになかなかなじめず、悶々とした日々を過ごしていましたが、その違和感は、ある時から「自分が納得できる仕事をしたい」という気持ちを駆り立てる原動力となりました。当時は、介護保険のない時代です。介護が必要になった場合は、いつも誰かに世話をしてもらわねばならない申し訳なさがある、と感じました。同時に、自分の両親を介護サービスにお任せするのは嫌だと感じたり、自分も高齢になった時に幸せでいられるのだろうか、そんな疑問や不安を抱いたりもしました。自分が介護の仕事をする側にいることへの違和感も覚えていましたが、仕事をやめないと決めたから続けていたのです。もう一つ、２人の子どもを育てるなかで、条件の良い仕事だったという現実的な理由もありました。

そんな生活を6年続けた頃、介護保険制度（法律）が導入され、新たにできた「介護支援専門員（ケアマネージャー）」という資格を取得しました。仕事と子育てを両立しながら、家事の合間の受験勉強は、正直、人生でもっとも勉強したように感じます。

しかし、合格した途端、「やっぱりこの職場は自分の居場所ではない」という気持ちが湧き上がり、退職して考えを整理する時間を取ることにしました。

この時に思い浮かんだ言葉が、今も会社のバリューとして掲げている「好きに暮らす贅沢」です。加齢や障害などで介護が必要になると、普段当たり前のようにできていた行動で、叶わなくなることがたくさんでてきます。たとえば、好きな時に好きなモノを食べたり、好きな人に会いに出かけたりすること。お風呂にゆっくりつかりたい日もあれば、そんな気分じゃない日もある。そのような気分次第で行動すること、なども一つです。最期まで自分の好きなように暮らすことができたら本当に贅沢なわけです。だからこそ、高齢者や障がい者が健康で元気にいられる環境を提供することを目指して、２００１年に在宅介護の会社を立ち上げました。

会社設立10年目に起きた心の転機

長所なのか短所なのかわかりませんが、子どもの頃からなんでもできる気がして物事を簡単に考えてしまうところがありました。自分で会社を立ち上げた時も、理想の介護事業をやろうという思いだけで行動に移してしまい、「無我夢中」で数カ月駆け抜けてきました。

前章で述べた通り、当時の職場が自分の居場所ではないと感じてすぐに退職を決意しましたが、その後は2カ所の事業所の立ち上げ経験をさせていただきました。介護保険が開始される前で、どの事業所も準備が大変でしたが、退職したことを知った人からオファーをいただき、無職にならないどころか、新規事業の立ち上げ経験までさせていただけたのです。この経験で、やはりタイミングが大切だと実感し、ご縁のあった方や出来事を大切にすることを最優先に考えるようになりました。何かを得たいなら、自分がどんな役に立てるのかを考えることが何よりも先決です。実際に立ち上げメンバーとして、持っているものは出し尽くしたといえるほど身を粉にして働きました。この頃の経験が今も仕事をするうえでの基本スタイルになっています。

実は、この立ち上げの1年の間に、実家が火事になり父の命が数週間ほど危険な状態にさらされていました。その数年前に母ががんで2年間の闘病の末に他界し、それを機に父はうつ状態になってしまったのです。そのため、「このまま一人にはしておけない」と、ちょうど考えていた矢先の出来事でした。実家に置いてあった思い出の写真や、子どもの頃の宝物などが全部焼けてなくなったショックも大きかったのですが、それ以上に父の付き添いをしながらの仕事は、タフな私でも相当厳しかったことを覚えています。

なぜ、それでも仕事を続けることができたのか。それは、やめるという選択肢が思いつかなかったから、それだけでした。そして、起業のタイミングを早め、父との同居を考え、自宅内に会社を立ち上げる前提で広い戸建てに転居し、いよいよ会社の設立の準備に取り掛かりました。法人の設立は退職前の2カ月間。「有限会社のつくり方」という1冊のノウハウ本を読み、書いてある通りに手続きをし、退職の少し前に事業が開始できるように着々と準備を進めました。

社名を「有限会社フリーステーション」とし、人生のなかで「自由」な部分をできるだけたくさんつくりたい、そして気軽に立ち寄って相談できる会社にしたいという思いでスタートしました。

ありがたいことに地域で長年介護の仕事を行っていた甲斐あって、多くの方とのご縁に恵まれ、開業初日から相談依頼が相次ぎ、3カ月後には訪問介護事業も始めていました。

介護事業は、介護保険制度下で行う事業のため、人員基準（常勤何名以上必要）など厳しい要件があるものの、前職の同僚Aさんが、2事業目をすぐに立ち上げるよう背中を押してくれました。「せっかく立ち上げた会社でしたが、自分一人では思うようなことができない」という私の胸の内を聞いて、一緒にやろうと声をかけてくれたのです。周りからは、引き抜きをしたかのように避難されたこともありましたが、この時もまったく迷わずご縁を信じ抜き、ネガティブ思考に屈しませんでした。すると、すぐに賛同してくれるメンバーが集まり、「ホームヘルパー事業」を瞬く間に立ち上げることができたのです。あとになって気づいたのですが、この2つ目の事業をスタートし、ここから3年ごとにピタリと会社の転機が訪れています。

1つ目は、事業の応援をしてくれたAさんが欠かせない存在となり、二人で介護に対する思いを語り合いながら頑張っていた3年目に入る頃、3つ目の事業となるデイサービス事業の立ち上げが決まったことです。この時は、これまた信じられないようなご縁に導かれました。仕事中のランチ時間によく立ち寄る小さなカフェがあり、そこにはいつも高齢者の方々がたくさん集まっていました。そのカフェは、Aさんの日本舞踊の師匠が経営されているお店で、すごくお洒落かつ居心地の良い空間だったものの、利益があまり出ないうえ、ご自身も高齢のため、近いうちに閉店しようと考えているという状況でした。その話を聞いている時、「じゃあそこを借りてデイサービスセンターをつくろう」というアイデアが思いつき、そこからとんとん拍子に話が進み、「デイサービス」の立ち上げに至ったのです。スタッフも増えたことで事務所が手狭になり、現在の場所に移転したのもこの直後で、今振り返っても人生で一番多忙で、そして楽しかった時期でもありました。

2つ目は、デイサービス立ち上げからさらに3年経った頃、訪問看護ステーションの開設をすることになったことです。これもまた、行政の直営だったステーションが閉鎖する運びになり、そのまま引き継いでほしいとの依頼を受けたのがきっかけです。

こうして数年間、一心不乱に無我夢中で走ってきたわけですが、ある時点でスタッフの数が30名を超えていることに改めて気づき、「経営者になったんだ」と実感した瞬間がありました。同時に、何か間違ったことをしているような違和感を覚え、次第に罪悪感や責任感のない自分に呆れるような気持ちが湧いてきて、そこから仕事に対する姿勢がガラッと変わりました。その時は、Aさんを含め、情熱を持って仕事に取り組む仲間が数人いたものの、全員が経営的な視点を持っていない、まるでボランティアのような会社になっていたのです。残念ながら、みずからの経営視点の変化を仲間には理解してもらえず、結果的に立ち上げメンバーは全員去っていき、それを機に有限会社を株式会社に組織変更しました。開業からちょうど10周年を迎えた時でした。

人生100年時代に対する考え

経営ということを意識し始めて、スタッフに対する思いがますます強くなりました。同じ目的で仕事をする仲間には幸せになってほしいと思い、「良い会社をつくる」という会社理念を掲げ株式会社をスタートさせました。一緒に働く人たちには、たくさんの幸せを感じてもらい、その幸せをお客様にも分けてほしい、そんな願いを込めて踏み出しました。

そして会社らしくなってきた頃、突如として新たなミッションが見えてきて、それに挑む気持ちが掻き立てられ、取り組みが止められなくなりました。

その時の感覚は、起業したときと同じで、次のステップに進むタイミングだとピンときました。それが、今現在、取り組み始めている「労働寿命延伸」に繋がっています。高齢になっても元気でいれば、超高齢社会は何も問題がないという考え方です。よく考えると当たり前のことですが、国の制度は要介護への対策がほとんどで、それだけでは根本的な解決にはなりません。そのため、今やっている介護事業の仕事を減らす取り組みをしたいと思うようになりました。

最初は、高齢になっても元気でいるための、さまざまな運動イベントを開始しました。

在宅介護事業は信頼していた仲間に任せ、無我夢中に取り組んでいたと思います。

2年が経過した頃、誰よりも信頼していた仲間の一人が、新しい事業に共感できないとの理由で会社を去っていきました。すべてを任せていた人が辞めたことで、現場のメンバーにはしんどい思いをさせてしまい、自分が行っていることに対する罪の意識が生まれ、大きなショックを受けました。

しかし、10年目の時に同じような苦い経験をしていたため、すぐに冷静になり、立ち直ることができました。運命の流れに従うこともまた、強さの現れなのでしょうか。

そして、今とても感謝していることがあります。それは、当時残ってくれたメンバーが、今でも一緒に仕事をしてくれていることです。そのおかげで、さまざまな経験を積み重ね、迷わず進むべき道へ邁進できるようになり、20周年の際には思い切って会社の理念やミッションを新しく作り変えました。理念は「良い会社をつくる」から「幸せな社会をつくる」に変更し、ミッションは2つ、「今、お困りの方を全力でサポートいたします」「未来の課題解決に全力でチャレンジいたします」にしました。

平均寿命が70歳代の時代と同じように過ごすだけでは、新たな課題が生じます。寿命が延びた分、働く時間も延ばして生きがいと収入を得るべきではないでしょうか。仕事が楽しいと感じることこそ、最高の幸せ寿命の延伸につながると思うのです。

新しい時代の「ライフ」多様化する働き方と生き方

介護の仕事を始めてから大切にしている言葉が「ライフ」です。大切というよりも、むしろ大好きなのかもしれません。ライフは日本語に訳すと、暮らし、人生、命などの意味があります。日々の暮らしは、それぞれの事情によって形作られ、それが人生の積み重ねとなっています。そして、命があるからこそ、人生はかけがえのないものであると言えます。

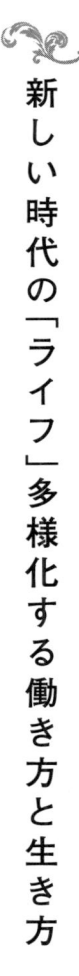

看護師として命に向き合う日々を経て、介護現場で人々の生活に触れる仕事を経験し、「人生って素敵だな」と感じるようになりました。1日の出来事も人生の一コマなのだから、誰もが大切に、そして丁寧に過ごしてほしいと思います。失敗や後悔を避けることよりも、うまくいかないことも含め、人生は面白い一コマです。自分のありのままを受け入れることが大切だと思っています。一生懸命できない日があっても構わないし、正解を求める必要もありません。ただ、いつも感謝の気持ちを持ち、真剣に自分自身と向き合うことが大切、というのが持論です。

人生最後の役割は、次世代が私の経験から学ぶことができるように、何かを伝えることです。私が出産や育児を経験していた頃は、女性が働くことが当たり前ではない時代でした。しかし今や、産休や育休が取得できる環境が整い、十分でないにせよ働き続けることが実現しやすくなりました。そのなかで、一番大切にしたいことは、「決心したことは実行する」というシンプルな発想です。弊社でも、「親の介護が必要になったので仕事を辞めようと思います」とか、「子育てに専念するために専業主婦になります」というスタッフが何人もいました。

その考え方を否定するつもりはありませんが、もう一度冷静に考え直してほしいと思うこともあります。親の介護問題については、自身がその分野で働いているため十分に理解していますし、子育てと仕事の両立に関する経験もあります。ただ、これらは一時的な事情に過ぎません。最終的に、自分が目指していることを見失っていないか、もう一度考えてほしいと思います。

自分がやりたいこと、そしてやると決めた道は一本しかありません。暮らしの状況は変わるものです。独身だったり子どもがいなかったりする人も、子どもができれば子育ての責任が生じるし、元気だった両親も高齢になれば介護問題に直面するでしょう。ですから、それらは道の途中で起こる一つのアクシデントだと思ってみてほしいのです。アクシデントに対処することが目的ではなく、自分の夢を叶えるために、そのアクシデントを乗り越えようとする勇気を持ってほしいと切実に願います。

もちろん、自分に真剣に向き合った結果、方向転換するのは立派な決断だと思っています。私の経験から言いますと、迷いが生じると、起こってもいない出来事を妄想してネガティブなストーリーを考えがちです。母の闘病中は、一緒に過ごしたいと願いながら、仕事の都合でそれが叶わなかったとしたら後悔するのではと思ったこともありました。子どもたちが不安定な時期は、仕事をしているせいでこうなったのではないかと自責の念に駆り立てられたこともありました。しかし、そんな道の途中のアクシデントやトラブルに直面した際に、解決策を考えて決断し、実行することに集中したからこそ、今の幸せがあると思っています。

さらに、人生100年時代を生きることについて考えた時、以前のように「何か一つだけをやり遂げる人生」ではもったいないと思います。100年という時間は、何度でも方向転換や再スタートができる可能性を秘めています。時間を贅沢に使うことができるのです。自分の人生設計として、一生仕事を続けると決めたけれど、そのやり方は何度も変わってきました。どこに向かうかは変えずに、やり方は流動的であったことが時代にマッチしているような気がします。つまり、目標や夢に向かって進む過程で、必要に応じて戦略や手段をその都度変更していくことが重要だと思います。

Message

あなたへの
メッセージ

やると決めた道は一本。
でも、そのプロセスは一つではありません。
だからこそ、
その時々で柔軟に変わってゆくことが、
もっとも大事なのです。
深く考えずに、決めたら実行する。
そんなシンプルな考えを貫くことで、
自分にとって
最適な場所にたどり着けます。

小宮悦子さんへの
お問合わせはコチラ

株式会社スマイリー 代表取締役
美容

志田さおり

生死の境をさまよう
闘病生活を経て
美容業界30年の
キャリアを積む
美のエキスパートが伝える
美しく生きる秘訣

Profile

山梨県出身。短大卒業後、大手化粧品メーカーに勤務。美容部員やエステサロンなど、美容業界で30年のキャリアを積む。結婚後、育児をしながら独立起業。第3回全国エステティックグランプリの顧客満足部門（個人サロン）で優秀店舗賞を受賞。現在は、エステティシャンやセラピストの育成スクールを運営し、美塾メイク教室の講師やトータル魅力アップのプロデュースを手掛けている。また、エステやフットケアサロンを4店舗まで拡大し、さらに行政からの委託事業で地域活動や講演会、セミナーの講師など、多岐にわたり活躍中。

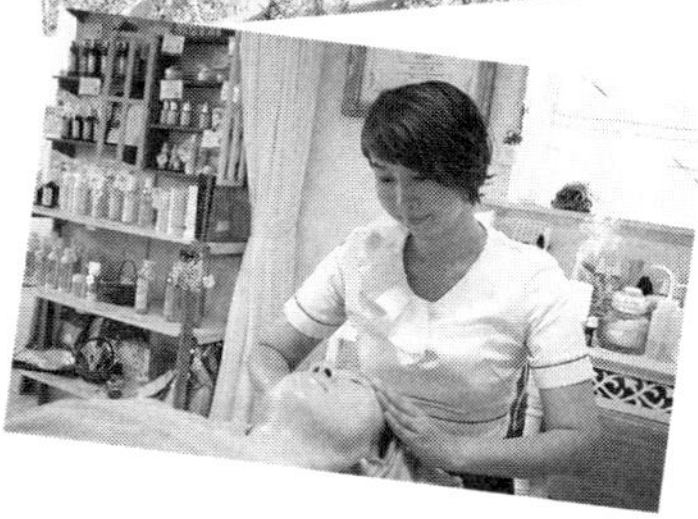

1日の
スケジュール

Morning

6:00 起床、お弁当作り、朝食作り、洗濯、掃除、朝食

8:00 子どもの学校送迎

9:00 仕事

18:00 子どもの学校迎え

19:00 夕食

20:00 仕事

22:00 片付け、主人の夕食作り

24:00 就寝

Evening

苦難は未来の宝となる

２００９年の冬、突然命にかかわる病に倒れ、生死の境をさまようなか、３カ月にわたる闘病生活を余儀なくされました。当時、２歳、４歳、６歳の小さな子ども達を抱えていた私は、「この子達を残して死ぬわけにはいかない」という思いで、日々不安と恐怖に立ち向かっていました。孤独と身体の苦痛との闘いのなか、唯一救ってくれたのは家族や友人、看護師が優しく身体をさすってくれたり、足をマッサージしてくれたりしたことでした。その手のぬくもりと安心感で、不思議と痛みや不安がなくなり、絶望が希望に変わった瞬間は忘れもしません。

振り返れば、結婚後は主人の両親との同居や、田舎の長男の嫁としての立場、子育てに追われ、自分のやりたいことができず、不満や愚痴ばかりを口にしていました。良い奥さん、お嫁さん、良い母親でいなければと自分をなおざりにし、一人の女性としての自分らしさに蓋をして生きていたように思います。そんな生活を送っていたため、最終的には「病気」という形で強制終了する日が来てしまったのです。

入院から３カ月後、奇跡的に命が助かり、退院することになりました。その後、私の意識は随分と変わりました。家族と過ごせること、ご飯が食べられること、歩けること、そんな当たり前の日常が当たり前ではないことに気づかされました。そして、明日何が起こるか分からないのが人生だということを実感したのです。病気は辛い経験でしたが、そのおかげで多くを学び、1日1日を大切にしなければという意識が芽生え、自分の夢を実現して後悔のない人生を歩む決意ができました。

退院後、すぐに病室に戻り、同室の患者様にフットトリートメントのボランティアを始めました。闘病中にタッチケアで助けられたため、今度は自分にできることで少しでも恩返しがしたかったのです。実際、末期がんで浮腫んでいる足にケアをさせていただいた時は、浮腫みが軽減され歩けるようになったとか、タッチケアで癒されたとか、患者様や、そのご家族から大変喜ばれました。特に忘れることができないのは、末期がんで亡くなった50代の女性です。彼女は同室の患者様で、私が辛かった時、いつもそばで優しい言葉をかけてくれました。彼女の足のケアをすることが心の支えになっていたため、亡くなった時は大きなショックを受けました。この時は、同室の患者様が皆亡くなってしまい、なぜ自分だけが生き残ったのか、悩み苦しい日々を過ごしていました。

そんななか、大学生の娘さんがこう言ってくれたのです。「母が亡くなる時、志田さんに出逢えて良かったと言っていましたよ」と。この一言で自分のなかのスイッチが押されたような衝撃が全身に走り、「亡くなられた方々の分まで精一杯生きよう！」と心に決めました。同時に、病気で苦しむ方や孤独でしんどい状況の方のために、タッチケアを広めていくことが自分の使命だと感じました。

その後、退院からわずか半年で起業しました。誰のためでもない、自分の人生に責任を持って歩みたいと思ったからです。当時はお金がほぼなく、田舎の山の中で小さな子ども3人を抱えながらの起業でした。できない理由を挙げて諦めることや逃げることは簡単ですが、今の環境やお金のなかで、小さなことからコツコツ始めてみようと覚悟を決めたのです。義父の着替え部屋を4畳半借りて壁塗りをし、部屋を整え、家の玄関とは別のお客様用の入口を作りました。また、手描きのチラシに想いを綴った手紙を添え、会う人会う人に配りました。すると、その手描きの想いに共感してくれる友人や幼稚園のママたちが次々と訪れ、子どもをおんぶしながら自宅でエステの仕事を始めることが実現しました。

実家が商売をしていたので、幼い頃から親の働く姿を見て育ちました。その姿に憧れ、自宅で起業しました。私の働く姿を見て、「お母さんっていつも楽しそう！」と、子ども達が大人になることや仕事をすることに希望を持ち始めました。ママが自分らしく輝くことで周りも笑顔になり、幸せが広がります。ないものねだりではなく、今ある幸せに気づきましょう。後悔のない人生を送れるかどうかは自分次第です。

ただ目の前のことに精一杯向き合うこと

自宅の小さなサロンで子育て中のママたちが集い始めると、ママたちのなかにはハンドメイドや料理、音楽、お菓子作り、運動など、さまざまな趣味や特技を持っている方がいることを知りました。そこで、みんなの得意を活かせる場を提供するために、家のなかと庭でマルシェを開催しました。子育てだけではなく、自分の得意を活かすことで人に喜んでもらえ、評価されることがママたちの自信に繋がり、生活にやりがいを持つことの大切さを知りました。そしていつの頃からか、自分らしく活躍できる場やママ同士の繋がりのなかで、女性が笑顔で輝ける時間と空間を提供することが目標となっていったのです。

その結果、ママたちから自宅で起業したい、セラピストになりたいという声が増え、「講師業」を務めることになったスクールへと変化していきました。人前で話すことや教えることは苦手でしたが、頼まれごとは「試されごと精神」で、人から求められることは何でも挑戦しました。失敗したり、自分の不甲斐なさに落ち込んだりしたこともありましたが、育成した生徒が幸せになる姿やその喜びが次々と繋がっていく幸せの連鎖を見て、自分のやってきたことを後世に残していく大切さを知りました。

日々、目の前の方に精一杯かかわっていると、仕事が順調に進み、気づけば貯金も増え、生徒も増えてきました。そんななか、小さな倉庫をリノベーションして念願のサロンを建てることができました。

しかし、スクールの生徒が増える一方で、育成した生徒たちの活躍が広がることはむずかしいのが現実でした。子育て中のママたちが自宅サロンで開業したり、マルシェに出店したりしても、そこから継続して仕事にすることは決して簡単ではありませんでした。施設でのボランティアは受け入れられるけれど、有償化していく厳しさに何年も苦労しました。

そんななか、ボランティアの経験が未来のヒントとなりました。施設や病院での現場では、足や爪のトラブルに困っている患者様や利用者様が多くいることに気づきました。そんな現状を目の当たりにし、「私ならできるケアがあるはずだ！」とケアを提供することで社会問題を解決し、皆が健康で生き生きと過ごせる喜びや希望に繋がると確信したのです。

その後、すぐさま仕事や家事、子育ての傍ら、県外で学びを深めました。そして習得したスキルをスクールで教え、現場で活躍できるセラピストの育成に尽力しました。ボランティアではなく、ビジネスとしてこの仕事の価値を高めたいと考え、スクールの内容、時間、料金をガラリと変更しました。高齢化社会に対応できるよう、一般の方だけでなく高齢者や疾患を抱える方への予防ケアを中心に取り組んだのです。

しかし、スクールを変えた途端、生徒達が一気に離れていきました。私のやりたいことや想いが何一つ伝わらなかったことに気づいた時、孤独や悔しさ、寂しさと本気で向き合うことになりました。闘病中に救われたように、しんどい状況にある方達を痛みや孤独から解放し、絶望を希望に変えたい。そのためには、セラピストとしての存在をより価値あるものにしていかなければなりません。そう考えた時、一人になっても自分の軸は何一つ変わっていないことに気づけたのです。

ママの趣味やマルシェをやりたいわけではありません。この仕事だけで食べていける覚悟と、この仕事に誇りを持ち、夢を実現したいと強く思いました。

意識改革が起き始めると、ぽっかり空いた穴に大勢の新しい生徒が飛び込んできました。特に看護師や介護福祉士など専門職の方々が多く、私の理念を理解し、高い志を持った方々が集まるスクールとなったのです。

スクールの質を高めたことで、自信を持って社会で活躍できる人材を育成したいと厳しく自分に課すようになりました。その結果、企業様や施設、病院から仕事の依頼が増えました。

「甘さ」と「優しさ」は違うものです。人から嫌われることを恐れていた自分の甘さを反省し、誰からも好かれようとするのではなく、生徒や周りに対して厳しさのなかに本当の愛があることを伝えられる人になりたいと思いました。目の前の方の成長を願うならば、厳しさとお互いを信じる力が必要だと確信したのです。

人から嫌われることも怖くなくなった時、周りに流されず、自分の軸でしっかりと生きられるようになりました。

その後、企業との協業で卒業生が活躍できるフットケアサロンをオープンし、施設や病院からの依頼でのケアもボランティアではなく、有償化することも実現しました。

起業して10年以上が経ち、夢が叶い始めました。諦めずに取り組み続ける強さと、自分を信頼する大切さを学びました。逆境のなかで傷つき、気づきを得たことは他でもありません。それまでは、正しいことをしていても、人から非難され理解されませんでした。

しかし、人それぞれの価値観や正義が異なることを知り、良いことをしていても誰かにとっては悪者になったり、逆に悪いことをしていても誰かにとっては良い人だったりすることがあることも学びました。

その孤独や悔しさがあったからこそ、より自分を信じる力を養うことができました。言葉では伝わりにくいことは行動で示し、社会で積極的に活躍していこうという希望に満ちあふれました。人の本質は、すべて行動に現れるものです。

私を信じてくれる人や、大切にしてくれる人を信頼し、その方々を幸せにしたいと心から思いました。人が離れたり去っていったりすることは悲しいことではなく、単に進むべき道が違うだけであり、お互いにとって必要なことです。

別れがあるから出逢いがあります。

人は成長しているからこそ、今の自分に必要のない人は去っていき、必要な人との出逢いが必ず訪れます。

人は苦難のなかでこそ、自分という器が大きくなっていくものです。いつも笑顔でいる人は、誰よりも泣いてきた人。人に優しく親切にできる人は、誰よりも多く傷ついてきた人。キラキラ輝いて見える人は、誰よりも陰で努力し、多くの失敗を経験してきた人。自分を愛し大切にできる人は、孤独と向き合い、自分自身と向き合ってきた人です。本当に強い人は、自分の弱さを受け入れている人なのです。

どんな出来事も人生に無駄なことは何一つない

組織に所属することが苦手で、他人から指示を受けたり、周囲と合わせたりするのが嫌いなタイプなので、起業して一人で自由に仕事をすることがとにかく楽しく、自分にぴったりでした。企画運営や宣伝広告、事務、営業、接客、施術、講師業など、すべてを一人で思いのままにできることが面白く、毎日充実していました。

しかし、起業から10年が経つ頃、スクール業で育成した生徒が活躍できる場を提供したい想いと、企業からの出店依頼が重なり、スタッフに任せられるサロンを展開する覚悟ができました。その後、事業が拡大し、個人事業から法人化して会社を設立しました。正直、個人作業とは違い、常に話し合いや情報共有が必要なチームでの仕事に慣れることには苦労しました。

そんななか、2店舗目をオープンして半年ほど経った頃、思いもよらぬ大きなトラブルに見舞われます。

それは、同業者からの誹謗中傷や営業妨害等を受けたことです。はじめてのことだらけで、不安と怒りと恐怖のなか、信頼していた人や仕事関係者からも裏切られたり、まさに味方が敵になったり、本当に辛い経験をしました。「出る釘は打たれる」とは、まさにこのことだと痛感した出来事でした。

同業者に妬まれるほど目立ってきた証拠だと励ましてくれる方もいましたが、その時は人間不信になりかけました。しかし、いつもそばにいたスタッフの存在が支えとなり、逆境を乗り越えることができました。この経験も、今となっては大きな学びと成長に繋がっています。

周りからのトラブルに見舞われた際は、一人で抱え込まず、周りの人に相談し、必要であれば専門家に助言を求め、問題解決に臨むことが大切です。そして、自分が苦しい時ほど、大切な人やコトが明確になります。孤独な暗闇のなかでは、光を求めようとするからこそ、真実がはっきりと見えてくるものです。裏切りは、今まで隠れていたその人の側面が見えただけであり、その出来事により離れることで、かかわる人や会社を見極める力が養われます。その結果、よりステージアップした大切な人とのご縁やかかわりが増えるのです。実際、その出来事をきっかけに、大切な仲間との強い絆が培われ、本質がより明確になったことで会社も成長していくことができました。

成長する時には、足を引っ張る人や妬む人も現れるものです。日本は嫉妬社会です。つまり、目立ったり成功したりすると嫉妬され、目立たなければ軽んじられ、裕福になれば妬まれ、貧困ならば非難されるという傾向があります。普通であることが安心な社会、とされています。人は皆、違って当たり前なのに、枠からはみ出ることを恐れてしまうのは、そんな理由からなのではないでしょうか。だからこそ、誰に何を言われようとも他人の意見に振り回されず、自分の道を突き進むのが良いと思います。

あらゆる壁や逆境は、自分の「本気度」を試されているにすぎないのです。私はいつも苦難をきっかけに断捨離をし、自分にとって本当に大切なことを見極め、それにより新しい事業を次々に展開してきました。どんなにマイナスと思えることも、物事の見方次第でプラスに転換していけます。しかもマイナスが大きいほど、振り子の法則により、大きなプラスの出来事がやってきます。実際、過去を振り返ると、あの出来事があって良かったと感じます。

人生には何一つ無駄なことはありません。辛い状況にいる方は、今は真っ暗で先が見えないかもしれませんが、夜はいつか明けるように必ず光が差してきます。トンネルの闇にいる時こそ、人は自分自身と向き合いながら、何とか光を見出そうともがきます。そして、本当に大切なものが見えてくるのです。成功した人は、何度失敗しても、どんな苦難があっても決して諦めなかった人です。そして、過去の経験があるから今のあなたがいます。苦難のお陰で人生はもっと輝くのです。

自分の亡くなる日が一番美しくありたい

「美しく歳を重ねる」これが私の人生のテーマです。

若さだけが美しさではなく、年齢を経て培われた人生の経験が、人間的な深みや重みを与えます。苦楽を経験することで得られる価値は、年齢を重ねなければ味わえないものです。長年にわたり、真の美を求め続け、それを天職としてお仕事をさせていただくなかで、外見と内面は表裏一体であり、心が整うことで外見も美しくなり、その美しさが内面にも反映されていくことを知りました。

美しく年齢を重ねることは、非常にむずかしいことです。努力や意識の変化、日々の鍛錬によって築かれ、さまざまな人生経験が必要です。20代の若い頃に戻りたいとは思わないですし、今の自分に満足し、50代ではさらに豊かな人生を楽しみたいとワクワクしています。自分の人生をどう生きるか、年齢をどう受け入れるかは、自分次第です。他人の評価や離れる可能性を恐れず、自分の理想を追求する勇気を持ってほしいと思います。

人生の大半を占める仕事は、自分がやりたいことをしたいと思います。お金を稼ぐために仕事をすることもたしかに大切ですが、この仕事をとおして目の前の方の幸せを考えることの方がよっぽど楽しく、仕事の充実感が味わえます。

ほとんどすべての仕事は、「人を笑顔にする」ことに繋がっています。医療関係者も、製造作業に携わる方も、トイレ掃除をする方も、最終的には「人を笑顔にする」のが仕事です。「その笑顔を想像する」ことからやりがいが生まれ、自尊心も高まり、仕事に対する思いが変わり、人生が豊かになっていきます。

人はいつか死を迎えます。だからこそ、悔いのない人生を送るためには、「今」やりたいことをやるべきです。年齢に関係なくチャレンジし続けること。会いたい人に会いに行くこと。感謝したい人に「ありがとう」を伝えること。人との出会いやかかわりによって、人生はいくらでも変えていけます。そして、こんな人を大切にすべきです。

口先だけでなく行動が伴っている人。あなたを信じて大切にしてくれる人。あなたの成功や活躍を心から喜んでくれる人。新しいチャレンジをする時、本気で応援してくれる人。辛い時や苦しい時に、そばで寄り添い、一緒に悲しみや心配を共有してくれる人。人の悪口や不満を言わず、前向きで良い言葉を使う人。一緒にいて心地よく、楽しく、自分らしくいられる人。あなたの話に耳を傾け、笑顔でいてくれる人。幸せはいつも身近にあります。今が一番幸せな時だと感じられるように。そして、自分が亡くなる日に一番美しくありたいと思います。

Message

あなたへの
メッセージ

人生は、意外とあっという間なんです。
だからこそ、悔いのない人生を送るために、
自分自身を幸せにすることを
1番に考えて欲しい。
あなたが幸せであれば、
あなたの周りにいる
大切な人たちも幸せなのです。
人生の主役は自分自身。
その物語をつくっていくのも
自分自身。

志田さおりさんへの
お問合わせはコチラ

有限会社ドゥプレーヌ 取締役
雑貨店／小売業

鈴木香葉子

好きなことをやりたい！
と思い続け、
夢を実現
雑貨店誕生秘話と
30年以上継続できた秘訣

Profile

1962年名古屋市生まれ。大学卒業後、知人から紹介された雑貨問屋でアルバイトを始める。24歳で結婚、その後2人の子どもを出産してからも、雑貨問屋での仕事を続ける。33歳のときに営業先の一つだった雑貨店にご縁があり正社員として転職。店長を経験したのち、専務取締役に就任し会社経営に携わる。41歳で独立を決意。4人の孫がいる現在も、名古屋市名東区で「うるおい雑貨ドゥプレーヌ」を経営しながら、心のモヤモヤを解決する「気持ち整理コーチ」として、コーチング活動中。

1日の
スケジュール

Morning

6:00　起床、朝の散歩

7:00　手作りスムージーと
季節のサラダの朝食

8:00　メールチェック

9:00　お店出勤

19:00　お店閉店作業

20:00　帰宅後夕食

21:00　お風呂、リラックスタイム

23:00　就寝

Evening

未来に繋がった雑貨店との出会い

現在営んでいる雑貨店は、今年で32年目に入ります。ここまで来るのにたくさんの学びがありました。今も楽しく続けられていられるのは、人との出会いを大切にしながら、自分の気持ちに素直になって行動してきたからだと思っています。

雑貨との出会いは23歳の時。知人から紹介された雑貨問屋でアルバイトを始めたのがきっかけでした。社会人になってはじめての仕事ということもあり、何もかもが新鮮だったことを覚えています。社長と私だけの小さな会社でしたので、経理や営業、商品仕入れ、配送業務など多種多様なことを経験させてもらいました。

在職中に結婚をし、2人の子どもにも恵まれました。その後も仕事は続けていたので、育児と両立する忙しい毎日を送っていました。

雑貨問屋の仕事を続けていくなかで、営業先が増えていき、次第にバイヤーが選ぶ商品をどんなお客様が買われるのか興味が湧いてくるようになりました。

そんななか、営業先の一つにとてもオシャレな当時ではめずらしいオーナーこだわりのセレクトショップがありました。そのお店の店長が、なんと同じ高校の卒業生だったのです。

そして、この出会いこそが私の人生を大きく変えたのです。

店長さんとすぐに意気投合した私は、お店へ営業に行くのが毎回楽しみで仕方ありませんでした。

そんなある日、雑貨店の店長から「お店を建て替えリニューアルするから一緒に仕事をしない？」と声がかかります。ありがたいことに、子育てしながらでも働きやすい条件を特別に提案してくださったため、断る理由はありませんでした。

リニューアルの準備期間は約10カ月。店舗の敷地面積は約５００坪と広大で、北欧の建築デザイナーに依頼し飲食店と雑貨店を向かい合わせに建て、その中心にガーデンテラスが設けられています。内装のインテリアや日常的に使うもののほとんどがオーダーメイドで、とても魅力的なお店になりました。

オープン当日は、はじめての小売店での業務に多少緊張しながらも、大好きな雑貨に囲まれながらの仕事に、ワクワクが止まりませんでした。

リニューアルオープンの目玉商品である世界中から集めた約百種類もの紅茶の量り売りは、雑誌などに取り上げられるほどの人気ぶり。オープンから半年が経った頃には、名古屋駅周辺のデパート内に、ティールームを併設した２００種類の紅茶専門店の出店が決まりました。

これを機に、雑貨店の店長を任されることになり、スタッフと協力し合って毎月の売上予算の達成に向け、厳しくもやりがいのあるチャレンジが始まりました。

私が店長に就任した当時、先任の店長から言われた言葉が強く印象に残っています。

それは、「商品一つひとつの特徴や、物のストーリーをお客様に伝えてほしい」ということ。つまり、お客様が気に入った物をただ購入するだけでなく、雑談を楽しみながら商品を置いた理由や、その物の良さなどをきちんと説明したうえで販売してほしいということです。

その接客の考え方は、今も私の仕事の根幹となっており、お店のコンセプトにもなっています。

当時は、今のようにインターネットが普及していない時代です。目新しい商品に出会うためには、雑誌などで見かけた限られた情報を頼りに地方へ直接足を運び、商品を買いつけしに行かなければなりません。

お店の売上が徐々に安定すると、会社の業務拡大で従業員も増えていき、「主婦目線を大事にしたい」という理由から、会社内で初めての専務取締役に抜擢されました。それからは会社の経営にも携わり、ますます仕事へのやりがいを感じていきました。

また、もともと紅茶の文化やフランス雑貨が好きだった私は、会社からの提案で何度かパリに研修に行かせていただき、刺激的な時間を過ごしたこともあります。世界中から雑貨が集まる見本市に足を運んだり、パリ市内のさまざまな雑貨店で商品の買いつけをしたり、この時の経験はその後の接客にとても役立ちました。

最初はわからないことばかりですが、コツコツ地道に続けてきたことで道は拓けたと信じています。設定した目標を何度も達成するうちに、少しずつ接客に対する自信もついていきました。

思えば、丁寧に接客するという意識は、プライベートでも活かされています。たとえば、辛いことや嫌なことがあっても、プラスの側面を見ようという思考グセが身についたこと。人とのコミュニケーションでも、相手の良い面にフォーカスするようになり、さまざまなタイプの方と会話を楽しめるようになったことも一つです。

誰でも未経験のことや初対面の人に対しては不安を感じたり、どう行動すればいいのかわからなくなったりするものです。

そんな時は、自分の原点に立ち戻り、人生の目的を見つめ直してみると、次にやるべき行動がおのずと見えてくるでしょう。

継続の秘訣は「ご縁」を大切にしてきたこと

専務取締役として走り続けてきた頃、紅茶専門店のフランチャイズ契約の見直しがあり、経営状況にもさまざまな変化が訪れました。それに伴い、今後の会社の方向性について話し合う機会が増えていきました。最終的には会社をたたむということで話がまとまったのですが、そこで「雑貨店だけで営業を続けるのはどうか」という意見が上がったのです。

さらに、雑貨店を続けるにあたり、私に独立してみてはどうかとの意見が仲間達からでました。もともと雑貨が好きでチャレンジした小売店の仕事です。お店で出会ったかけがえのない人達や雑貨の魅力などをとおし、自分の居場所になっていったのは他でもありません。

正直、2人の子育てをしながら独立するのは、あまりにも肩の荷が重く、移転先にお客様がついて来てくれるのだろうかという不安もありました。

しかし、悩んだ挙句、「やれるところまで頑張ってみよう」と前向きに考え、思い切って腹をくくったのです。

その後は、すぐに次の移転先を探し始めました。私の思いを同僚やスタッフ、業界関係者に話をしたところ、誰しもが協力的で独立するというチャレンジを応援してくれて、とても励みになりました。

新店舗オープンの日を約2カ月後と決めてからは、新会社設立の手続きや移転先への引っ越し準備、新店舗の内装の打ち合わせ、商品の仕入れなどで、目まぐるしく時間が過ぎていきました。

いよいよオープン当日。完成した店内を眺めながら、前社の入社式の挨拶の時、「いつか自分のお店を持ちたいと思っています」と言葉にしていたことをふと思い出し、感慨深さを感じました。

自分のアイデアを可能なかぎり形にして、思い描いていたお店づくりが実現したことはとても大きな自信に繋がりました。

ここまでたどり着けたのは、前のお店で出会ったたくさんのお客様や、取引先の方々、スタッフの支えがあったからこそだと思っています。

独立してからこれまでの間、リーマンショックや、東日本大震災、新型コロナウイルス感染症の拡大など、予期せぬ出来事が次々と起こり、その度に景気が落ち込み、世の中全体がとても重い雰囲気になりました。

雑貨業界も、取引先が倒産したり、商品仕入れの調達に苦労したり、売り上げが伸び悩んだり、大変なことは幾度とありました。

そんな時に意識していたことは、「先のことを考え過ぎず、今できることに集中しよう」ということ。私の場合は、接客の基本に立ち返ること、つまりお客様とのコミュニケーションを大切にすることでした。

その場にいる私自身が、常にワクワクしながら、自分の気持ちに素直に行動していくことも意識していました。

これまでに、のべ15万人のお客様との出会いがあり、多様な意見やリクエストに応えてきました。今では、お店にどんな商品が必要なのかを素早く察知できるようになっています。

振り返ると、幾度となく起きてきた問題を乗り越えてこられたのは、人との縁を大切にしてきたからだと思います。時間をかけて地道にコツコツお客様との信頼関係を築いてきたことが、間違いなくお店を長く続けてこられた秘訣です。

時代の流れに逆らうのではなく、目の前の現実を受け入れ、柔軟に対応していくことが、いつの時代にも求められていると実感しています。

思考の整理に役立つコーチングとの出会い

好きな仕事をやっていても、必ずしも良い時ばかりではありません。しかし、依然としてお客様とのコミュニケーションをとおして前に進むヒントを見つけ、時代の変化に柔軟に対応してきたと自負しています。

思えば、大変な事態が起きた時が、自分の思考をより良く変えるタイミングだったと思います。

たとえば、新型コロナウイルス感染症が流行し生活に制限がかかったことで、普段のお買い物の仕方や、お店に求められる物の変化を、ひしひしと感じるようになりました。これまでの経験から得たものだけを頼りにできなくなり、今までと違う思考や知識を取り入れる必要があると考えさせられたのです。

そんなある日、尊敬している方からこんなことを言われました。

「これからはコーチングという職業が求められる」と。それがどんなものかすぐに調べてみると、目からウロコが落ちるような衝撃を受けました。コーチングは、お店の運営にも活かせるだけでなく、自分自身のメンタルの強化にも繋がるということがわかったのです。

ピンときた私は早速、自分に合ったコーチング講座を見つけ、申し込み手続きをしました。その後、約半年間にわたりコーチングを学び、さまざまな知識を身につけていきました。

これまで、お店の仕事以外の学びに時間とお金をかけたことはほとんどありません。それが60歳になり、そしてこのタイミングで学べたことが、とても新鮮でした。

さまざまな知識や経験を持っている全国から集まった仲間達とも出会え、とても有意義な時間を過ごすことができました。

コーチングの知識がどんどん増えるにつれ、接客している時の自分の変化にも気づきました。

それは、自然体でかつわかりやすい表現力が身についたおかげで、お客様の心に届く言葉をかけられるようになったことです。コーチングに出会えて良かったと心から感じた瞬間でした。

人はそれぞれ思考に癖があり、自分の本心に気づくことは意外にむずかしいのが現状だと思います。ＳＮＳなどの普及により、情報の数が増え、何を選択したら良いか迷っている人も増えていると感じます。

そんな方達に伝えたいことは、自分と向き合う時間を作り、「今、本当はどうしたいのか？」「何故そう思うのか？」に、気づくことが大切だと思います。そうすることで、行動がしやすくなると思います。

気づけば、私自身も、問いを立てることで、今何をすれば目標に近づけるか？　という行動がしやすくなったと感じています。

実際に、これまで長くお店を続けてきた強みを活かすことで、これまで以上に、お客様に楽しんでもらいたいという考えが強くなっていきました。具体的な方法として、もっとたくさんのハンドメイド作家さんの作品を募集したり、これまで以上に希少価値の高い洋服をセレクトしたり、対面販売だからこそできるお客様とのコミュニケーションを大切に、商品のストーリーや、物の価値などを分かりやすく伝えたいと考えています。

コーチングがどういうものかを全然知らなかった私は、振り返ってみると、お店を長く続けていくなかで、自分自身にセルフコーチングをやってきたのかもしれないと、感じています。それは、常に自分の未来を感じながら、どんなことが起こっても決して諦める選択はなかったから。

みなさんも、未来の自分の素敵なイメージがあれば、あとは途中で諦めることなく、その未来に向かって、コツコツ続ける方法さえきちんと理解すれば、必ず、イメージした自分になることができると思います。コーチングとの出会いは、まだまだ自分がやりたいことがたくさんあると、気づくきっかけになりました。

人は何歳からでもチャレンジできる

令和に入って、時代（時間）の流れがとても速く感じている人もきっと多いと思います。スマホがあれば必要な情報が得られ、24時間どこにいても欲しい物が手に入るようにもなりました。

しかし、指ひとつで買い物できる便利な世の中になっても、直接自分の目で見て、物に触れてから商品を選びたいと思う人がいることも事実です。

直接会話ができるお店での買い物は、自分自身で物の価値を理解したうえで、購入できる安心感があると思います。

そんなある日、友人から「マルシェを一緒に企画しないか」という話が持ち上がりました。

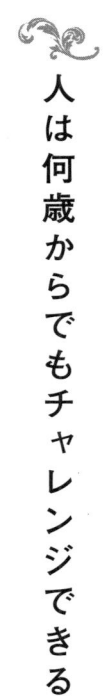

私はすぐに、常連のお客様に普段のお買い物とは違う楽しさを感じてもらえる絶好の機会だと感じました。お店に手作りの作品を提供してくださっている作家さん達と直接交流してもらえることは、めったにないチャンスだからです。

しかし、実際にマルシェの準備を進めていくと、予想以上にやることが多く、とても大変だと思いました。何でも行動しなければわからない。普段の仕事とは違う思考をフル回転しなければならず、友人とも何度も話し合いました。

マルシェ当日、会場のオープンを待つお客様もいて、始まるとすぐにたくさんのお客様で賑わい、トイレに行く時間もないほどの盛況ぶりでした。はじめてのマルシェに、なんと約３００人ものお客様が来場してくださったのです。たった１日でしたが、今回のマルシェの経験で、久しぶりに大きな達成感を味わうことができて、普段のお店とは違う販売の仕方に、新たな楽しさを感じられた貴重な時間でした。

この場を借りて、初のマルシェに携わってくださった方全員に、お礼を伝えたいと思います。

今思えば、30年以上もお店を続けてこられた理由は、幼い頃から雑貨が好きだったという情熱と、たくさんのお客様との会話を大事にしてきた自分の得意を活かすことができたからだと思います。好きなこと＝やりたいこと。そのやりたいことを、どうやったらできるかを、ずっと考え続けてきた結果だと感じています。

これからの時代は、目に見える物質的な「モノ」だけでなく、目には見えない「心」にもフォーカスすることで、自分のなかの本当の「楽しさ」に触れるきっかけになると思います。理由はよくわからないけど、何か気になる、なんかやってみたい！　という感覚を大切に、自分らしく行動していくことが良いと思っています。

「あなたにはどんな夢がありますか？」

「その夢を叶えたとき、どんな気持ちになっていると思いますか？」

そんな風に、未来の自分をイメージしながら、自分の感覚を信じてコツコツ続けていけば、必ず夢は叶うものです。まさに、千里の道も一歩からです。

もしまだ自分の夢がよくわからないという方は、自分がどんな人になりたいか、どう在りたいのかをイメージしてみてください。

未来の自分がイメージできたら、あとはどうすればそれが実現するのかを具体的に考え、コツコツ楽しみながら努力を積み重ねていけば、必ずその先に、なりたかった未来の自分に出会えると思います。

Message

あなたへの
メッセージ

幸せになるために生まれてきた私達。
いくつになっても
なりたい自分になれると、
自分を信じて行動してほしい。
その行動は、幸せになるためですか？

鈴木香葉子さんへの
お問合わせはコチラ

Art Factory「N-vague」代表
アートデザイン書道作家

瀬良田尚美

「アートデザイン書」に
魅了され、起業を決意
直感に従いながら
自由に楽しく
人生を描いてきた先に!

Profile

1967年福岡県生まれ。外資系ＯＬからカメラマンに転身。3人の子育てのなか、フラワーアレンジメント講師となる。その後、アートデザイン書道資格、夢ロゴアートインストラクター取得。2016年日本己書道場師範取得後、上席師範を経て独立。現在は東京都南青山を中心に、各種企業、団体のイベント講演、個人向けレッスンなどを開催。商品ロゴ、ラベルのデザイン、書籍、ＣＤジャケットの文字、店舗看板、ポップ、メニューなどを手がけ、幅広い活動を展開している。

1日の
スケジュール

Morning

6:15　起床、テレビ体操、ストレッ

8:00　洗濯、家事、掃除

9:30　仕事の支度、化粧など

10:45　レッスン会場へ

11:30　ランチ、レッスン講座、買い物

17:00　帰宅、食事

20:00　フィットネスジム（ZUMBA・プール・サウナ）

22:30　帰宅、就寝

Evening

書き手の心までも伝わる「アートデザイン書」の魅力

「アートデザイン書」というフレーズは、皆さんにとって聞き慣れないかもしれませんが、実は私達の生活に非常に密着しています。飲食店の看板やポップ、メニュー、お酒のロゴ、お菓子や贈答品のパッケージなどに使用され、作品としてホテルやカフェなどに飾られることも多く、意識してみるとありとあらゆる生活シーンで取り入れられていることに気づくでしょう。

文字として面白いだけでなく、書いた人の心までもが伝わり印象に残る。そんな効果がアートデザイン書にはあります。そしてこのパッと目を引き、心を掴む文字こそが「くずし文字」「遊び文字」「癒し文字」ともいわれる「筆文字アート」です。

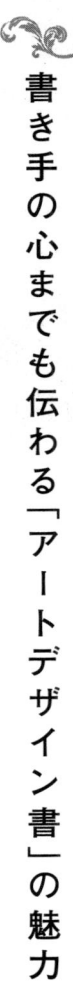

筆文字アートは、正統派書道とはまったく違い、型や決まりがなく、大きく崩したり、線の太さを変えたり、とにかく自由。「筆ペン一本で気軽にあなたもアーティスト」をキャッチフレーズに、一般の方々にも注目の習い事として人気が高まっています。

思えば、84年頃から一世を風靡した相田みつをさんの「にんげんだもの」は、一見すると「へんてこな文字」、しかし「心を打つ文字」で代表される作品として多くの方がご存じのことでしょう。

心に残る言葉やフレーズで独特の作風として知られる日めくりカレンダーは、幅広い世代の方々から愛され、一家に一冊あると言ってよいほど大ヒットしました。

しかし、彼は本来美文字の大家で、「崩し字」を書く書家ではありませんでした。それがへんてこな文字を取り入れるようになったのは「ただ綺麗な文字を書くだけでは人を感動させられない」とあるとき悟ったからです。そして、いつしか自分の言葉に合う文字や書体に変貌させていったと言われています。

確かに印象に残る文字には、どこか温かさや親しみやすさを感じるものです。街中にある看板や商品パッケージのロゴからも、安心感や高級感などの好印象を受け、購買意欲をかき立てられるのです。

そんな筆文字アートは、コロナ渦でおうち時間が増えたことで、より多くの人に認識されるようになりました。パソコンが普及し、手書きで文字を書くことが少なくなった現代社会だからこそ、手書きの文字の温かさが求められているのかもしれません。

アートデザイン書はただ書いて文字として楽しむだけではなく、あなたの想いまでもが伝わるツールになります。ご家族やお客様へ普段言葉にできない想いをアートデザイン書で、あなたの心を伝えてみませんか。

模索し続けた「天職」への「転職」

ここで少し私の人生を振り返ってお話させていただきます。

私は出身地である福岡県の短大の秘書課を卒業し、一旦は地元の大手外資系損保に入社しました。

しかし、小・中学生の頃から憧れを抱いていた東京での生活を当初からもくろんでおり、2年ほどで退職。その後、東京の大手日本社損保に転職し、22歳の時に上京しました。この時は父から猛反対を受け、「東京へ行くなら二度と帰ってくるな」と半ば絶縁状態になってしまいました。しかし、反対を押し切ってスタートさせた東京での一人暮らしはとても開放的で刺激もあり、まるで生まれ変わったかのように感じていました。

ところが、次第に仕事への疑問がふつふつと湧いてくるようになりました。お給料も待遇も人間関係も申し分ない環境にもかかわらず、「大企業の歯車の一つにもなれない」「今日私が死んでも会社は回っていく」という無力感が襲ってきたのです。

それを機に、「自分にしかやれない事をやりたい！」という思いが強くなり、とうとう気持ちを抑え切れず、24歳の時にまたもや退職を決意しました。

その後は短大で秘書課を専攻していたこともあり、数カ月後には経営コンサルタント会社の秘書の仕事が見つかり働くことが決まりました。

しかし試練は続くもので、経営コンサルタントの仕事は「やりたいこと」ではなかったこともあり、日々の業務に追われクタクタに疲れて帰宅する、という日々を送っていました。

そんななか、社長の友人でもあり、当時有名だったカメラマンさんが会社に遊びにくるようになり、そのことで転機が訪れます。

祖父が昔からカメラのコレクションをしていたこともあり、飾っているカメラのフォルムがカッコいいという憧れや、女流カメラマンへの憧れもあり、私はすぐに「ぜひ写真を教えてほしい」とカメラマンさんに懇願し、週1回スタジオに通うことになったのです。

まさに、やりたいことへの一歩に近づけた瞬間でした。

しかし仕事にすると考えた時に、カメラで一人前になるには、安価な給料で3~5年ほどアシスタントとして修業を積まなければいけないとの話を耳にしていました。そこから「女性が25歳でスタートを切るには無理があるな」と考えるようになり、カメラマンの道を一旦諦めかけたのです。

ただ、スタジオに通うようになってから、ますます写真やカメラが好きになったので、高額だった一眼レフやレンズを購入し、色々な場所に持ち歩く毎日でした。

そんなある日、友人の結婚式に参加したときのこと。意気揚々とカメラを構えていた私に、一人の男性から「うちで写真撮ってみない?」と声をかけられました。はじめは「え?私が?」と思いましたが、いただいた名刺を見ると、ゴルフをやらない人でも知っている大手ゴルフの出版社の方だったので、興味を惹かれ話に乗ってみることにしたのです。

当時ゴルフ雑誌のカメラマンは日当で、仕事量にかかわらず数枚でもシャッターを押せば3万円と決まっていました。つまり、10日も動けば30万もの収入に繋がる、かなり好条件の仕事でした。

しかし、雑誌内のインタビュー記事などで使われるプロゴルファーの顔写真やスナップ写真を撮ることから始まり、オンシーズンには国内・海外のゴルフツアーにも連日同行。プレーやレッスンの写真を撮影する日もあり、とにかく緊張の連続でした。それでも、当時は女性カメラマンがめずらしい時代で、ある意味重宝されフリーカメラマンとして仕事を確立できたのはとてもラッキーなことでした。

そうこうしているうちに30歳を超えた私は、婚期を逃してしまうのかなあと焦る気持ちも募っていきました。

そんなある日、プロ野球選手のカタログ撮影の仕事が舞い込み、横浜の球場へ行くことになりました。担当する選手は引退前の超ビック選手でしたが、緊張のなかにも楽しく撮影は終わり、帰ろうとしていた時に、元中日ドラゴンズの投手で、当時バッティングピッチャーをしていた方から突然声をかけられたのです。

そしてこの出会いが、私の人生を大きく動かすきっかけとなりました。

それから半年後には妊娠、いわゆる「授かり婚」となり、カメラマンの仕事も中断を余儀なくされてしまいました。

ただ、子どもは大好きで「4人くらいは欲しい」と願っていたので、32歳での初産から、翌年には第2子、その2年後には第3子と、立て続けに3児の母になれたのは嬉しいかぎりでした。

しかし、初めての出産と子育て時期は、楽しくもありとてつもなく大変な日々でもありました。夫は球団に所属していたため、遠征やシーズンキャンプで、年間の半分は家にいません。当時を振り返ると、お互いの大変さを理解できず不満ばかりを口にし、毎日のように大喧嘩していました。

そして、ここで大きな転機が訪れます。

夫が25年間のプロ野球人生を終えたタイミングで、「和菓子屋を始める」と言い出したのです。これには家族全員かなりショックで、両親達からも猛反対の声が上がりました。

ただ、本人の意思は強固で、家族の反対を押し切り和菓子店を開業したのです。

そして、これこそが私のアートデザイン書を始める原点となりました。

お店の経営を夫と一緒に考えるなか、「看板やポップ、メニューや店内アートが描けると良いな」と考えるようになったのです。

そこから、ネットなどで「アート書道」や、「デザイン書道」を習えるところを探し求め、教室に通い始めることにしました。すると、没頭できる書の魅力に取りつかれ、さまざまな作品に挑戦するなか「アートデザイン書」と「筆ペンアート」を含め３つの協会の資格を取得し、師範を経て教室を開くまでに至ったのです。

一方、夫が経営する和菓子店も最初は経営が大変だったものの、徐々に売り上げを伸ばし、人気店へと成長していきました。

しかし、お互いにやりたいことが見つかり、将来に希望の光を見出していた裏には、長年少しずつ亀裂が入っていた夫婦仲を修復できずにいました。

そしてしばらく悩み続けた挙句、とうとう私が51歳になったときに17年間の結婚にピリオドを打ちました。


こうして振り返ってみると、人生の流れに添いながらも舵は自分でしっかり取り、時には大きく方向転換する勇気が大切だと改めて感じています。

「断捨離」ではなく「感謝離」を、卒婚からの歩み

しかし、離婚の際、一番悩んだのは子ども達のことです。経済的にも道連れにすることはできず、父親とその母に託すことが決まった時、私は「子ども達を信じる」という一点を何度も何度も心に刻み込みました。

そして私が決めた再出発の地は、やはり東京でした。幼少期からの憧れの土地でもあり、結婚により離れることを余儀なくされた土地でもあります。

ただ、再出発する決意は固まったものの、当時家族5人で暮らしていた時の収入はすべて家計や育児に充てていたので、貯金やへそくりがまったくない状況でした。

そこで母が私の名義で契約してくれていた生命保険250万円を解約してくれ、それを資金としてなんとか東京で再スタートを切ることができたのです。

その後、東京の港区に良い物件が見つかり、名古屋の友人がトラックで引っ越しや掃除を手伝ってくれた時は、また新たに生まれ変われるという希望と光しか見えていませんでした。

東京での一歩は、昔の友人と知人に連絡し「アートデザイン書でやっていきたい」との

想いを語り、チラシや名刺を作ったり、色々なビジネス交流会やイベントに参加したりもしました。

しかし、皆一様に「そんなので仕事になるの?」「食べて行けるの?」と首をかしげていました。

実際、上京して2カ月くらいは楽しかったものの、4、5カ月経った頃には、軍資金もみるみる減っていき、お金の心配が頭から離れず、生活の不安で押しつぶされそうになっていきました。

さまざまな試練を乗り越えてきた私ですが、この時ばかりは本当に辛い日々でした。

そこで、「とりあえずはアルバイトをしなければ」と思い立ち、知人の紹介で老舗日本料理店とクラブで働くことにしたのです。

日本料理店では、30年以上勤めているベテランのおば様達が幅をきかせ、着付けの指導を一から受け、座敷での作法、料理について覚えることも多く、空き時間でも和服で正装しなければいけないなど、この年で大変厳しい修行のようでした。

そんなある日、損保時代の上司が「元気に頑張っているか」と気遣って食事に誘ってくれました。そして、私がこの情けない愚痴を話している、その時です。

彼は穏やかな表情を一変させ「何言ってるんだ！　50歳を過ぎて、もう一度20代のようなチャレンジができるなんて素晴らしいことじゃないか。やりたくても誰もできないことだぞ、カッコつけずに一から必死にやってみろ」と言い放ったのです。

自分の現状をみじめで情けないと思っていた私は、「お前がうらやましい」との言葉にハッとしました。

同時に、「何かを始めるのに遅いということはない」という書の師匠が一番に掲げていた言葉を思い出した瞬間でもありました。

そこから私のなかの何かが動きだし、２カ月後にはすべてのアルバイトを辞め、本業に専念することに決めました。さっそく公庫から１５０万円を事業資金として調達し、２０２０年に心機一転で腹をくくったのです。

するとどうでしょう。１カ月程度で一気に仕事が舞い込むようになったのです。

コロナ禍の影響も良い方向に転じ、「おうち時間」を充実させたい方々からの問い合わせも続々と増えました。

こうして考えると、常に周りの方に助けられている人生だなあとしみじみ思います。

人との出会いには「良縁」と、逆に「悪縁」、と感じる時があるものです。今までは良縁ばかりが大切だと思ってきましたが、実は「悪縁と感じるような人・コト・モノなど」も、あとになってからすべてが自分にとって必然であったと気づかされます。

直感に従い心の声を聞きながら進んでいくと、家族や仕事、場所、友達などとの別れを余儀なくされることもあります。

そんな時すべてに感謝できれば、その先の人生は大きく良い方向に変わっていく、と今なら胸を張って言えます。

過去に経験した辛く苦しい日々や悩んでいた出来事さえも、全部ひっくるめて心の底から感謝し、それを相手に表現し伝えることができたら本当に素敵です。

「断捨離」ではなく「感謝離」すること。「ありがとう」という感謝の言葉とともに離れると、必ず素晴らしい次の一歩が用意されるのです。

Our Life is Our Art「人生はアートだ」

私の大好きな言葉「Our Life is Our Art」は、ジョンレノンの言葉です。日本語に訳すと「私達の人生は私達のアートだ」、となりますが、「My Life is My Art」と言い換えることもできるでしょう。

人生のなかでは「この色に塗りなさい」と、あたかも運命が決まっているかのように感じる時があるかもしれません。

ですが、自分でスパイスを効かせた「刺し色」を入れることで、自らの運命を切り開いていけるということは間違いありません。誰しもが色を重ねるように経験を積んで、どんどんステージアップしていくことができるのです。

「あなたは、あなただけの人生をどんな色合いで表現したいですか？」

私の人生は、今のところさまざまな色が入っています。まだ具体的ではなく、抽象的な絵ですが、結構おもしろいアートになって来たな、と自負しています。

この本を手に取っていただいた読者の皆さまは、20代や30代などまだまだ若い世代の方も多いでしょう。

私から一つ言えるとすると、これからたくさんの絵の具を使って、人生に彩りを加えていける、ということ。大事なのは、あなたの直感に従って勇気を持ってチャレンジし続けることです。


前述の章では、「転職」からの「天職」と書きましたが、現在57歳の私でも、まだこれが「天職」なのかどうかはわかりません。ですが、今後は、資金がほとんどかからず在庫を持つ必要のないこのビジネスを経験してきた私が、同じように起業したいと考える女性の背中を押していきたいと考えています。

私自身、これから何歳になってもワクワクドキドキすることを忘れず、またさまざまな色を加えて人生を楽しんでいきたいと思います。どうぞ皆さまも、有限である人生を「悔いなく自由に」、自分らしく表現していってください。

私が経験してきたすべてが、人生に迷っている女性の道標の一部になれたら幸せです。色を重ねるようにさまざまな経験を積んでいくことで、人としても深みが増してきます。そして好奇心と度胸で、何歳からでも自らの人生を素敵な方向に変えていけるのです。

Message

あなたへの
メッセージ

あなたの人生は
あなたのアートそのものです。
人生は、あなたの思考や行動によって
形作られていく
キャンバスのようなもの。
それを忘れず、
有限な人生を
無限に楽しんでいきましょう。

瀬良田尚美さんへの
お問合わせはコチラ

Beauty Salon Lianje 代表
ネイルスクール・ネイルとアイブロウのサロン運営／Webデザイン／化粧水開発／海外事業展開

一木里美

海外で働く夢が叶うも
初任給5000円
栄養失調、
野草を食べる生活、
どん底を経験して
気づいた
人生で大切なこと

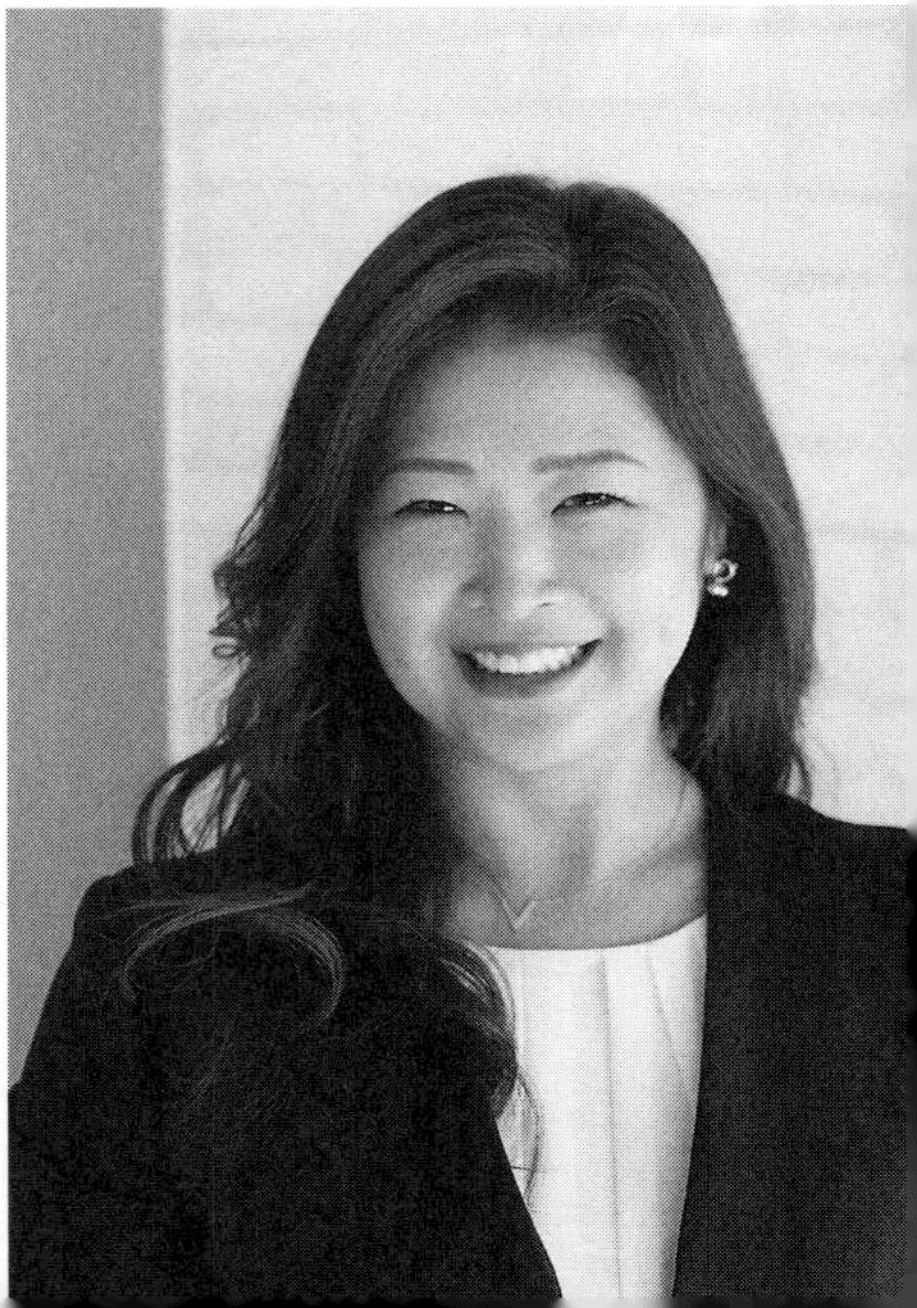

Profile

1992年生まれ栃木県出身。高校時代、女子ボクシングの日本代表に選出され、ロンドン五輪を目指すも、美容への情熱が募り、ネイル専門学校に進学。19歳で結婚し、3児の母となる。家事や育児の傍ら、デイサービスで働きながら自宅サロンを開業。さらなるスキルアップを目指し、25歳でマレーシア、26歳でモルディブへ渡り、ネイル技術を磨く。帰国後、27歳で「Beauty Salon Lianje」を開業し、現在はＷＥＢデザイン、化粧水の開発、海外での事業展開にも取り組んでいる。

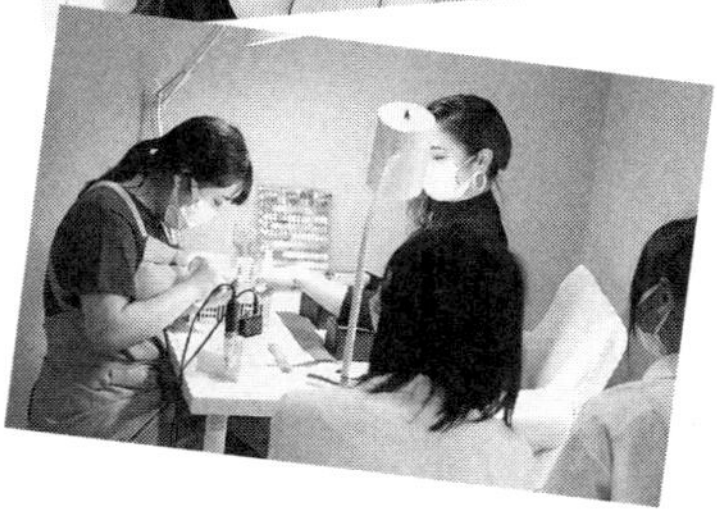

1日の
スケジュール

Morning

6:00　起床、お茶タイム、朝食作

7:45　子ども達学校へ登校

9:00　洗濯、掃除（実母の手助けあり）

9:30　サロン出勤（施術・他事業打ち合わせ・営業回り）

18:00　一時退勤

18:45　夕飯準備、子どのも習い事送迎（実母の手助けあり）

19:00　再度サロン出勤（時々接待）

22:00　退勤

24:00　片付け、明日の準備、入浴、就寝

Evening

英語の成績1の私が海外に行ったキッカケ

皆さんは持っていますか、「夢」を。そして、その夢を実現させる「キッカケ」となる出来事を。過去の挫折や失望などにより、夢やきっかけを忘れてはいませんか？

私の夢は大きくて現実離れしていると思われるかもしれませんが、「海外で起業したい、そしていつかは紙幣に肖像画として載る」ということです。笑われるかもしれませんが、至って本気です。

数十年後、あなたやあなたの子孫が私の顔が載った紙幣を使うことでしょう。もし、その頃100％キャッシュレスの時代になっていたとしても、安心してください。決済ツールにも私の名前が使われているはずです。

このバカでかい夢に至るキッカケは、日常のなかで起きたささいな出来事でした。

小・中学校時代、3人の兄たちの影響で野球部に所属していた私は、たった一人の女子部員として、一生懸命頑張っていました。しかし、当時は女子が野球をするのは非常にめずらしく、「女のくせにレギュラーで試合に出やがって」という理不尽な理由で、男子部員達から壮絶ないじめを受けました。その時、努力してもいじめられるならばと、「湘南純愛組」というヤンキー漫画をお手本にし、思いっきりヘソを曲げてみました。ある意味現実逃避でしたが、その漫画には「自由」や「自己表現」といった豊かな価値観が多数描かれており、抑圧から開放されたいという私の憧れがたくさん詰まっていました。

そんななか、3番目の兄が通う高校で「ホームステイ受け入れ先の募集」があり、わが家にオーストラリアから留学生の男の子がやってきました。彼は、オーストラリアの広大な空について語ってくれ、苦しさと狭さを感じる地元の空とは対照的に感じました。その広い空の存在は、辛く抑圧された現実のなかで、まるで幻想的に輝くイルミネーションのような世界に映ったのです。そして、その日から、「海外で働いてみたい」という気持ちが強くなっていきました。

その後も海外へ行きたい思いを持ち続けてはいたものの、具体的に何をするか見つからず、中学3年生になりました。

結局、野球と同時進行で習っていたボクシング部がある高校へ進学し、他に選択肢もなかったことから、「どうせやるなら上を目指そう」と、日々の練習に取り組む毎日を送っていました。

その結果、高校3年生でロンドンオリンピックの日本代表選手候補に選ばれたのです。

しかし、日本代表合宿で出会った選手たちやコーチを目の前にして感じたのは、「どうせなら、という軽い気持ちでは通用しない場所だ」ということ。その瞬間、ボクシングを辞めることを決意しました。

その後、高校時代に経験した貴重な挫折を機に、「どうしたら海外で働けるのか？」「英語はまったく話せなくても大丈夫なのか？」「どんな職業に就けば生活に困らないのか？」などの疑問が湧き、毎晩のようにインターネットで調べていました。そして、模索し続けたある日、海外では「盆栽職人」や「ネイルアーティスト」などの職人が重宝されるとの記事を見つけたのです。

幼い頃からミニチュアのおもちゃで遊んだり、絵を描いたりするのが大好きだったこともあり、「これだ！」と思うよりも早く、ネイル専門学校の夜間講座への申し込みを決意しました。

その後は、「とにかく海外で働く」という目標を掲げ、子育てをしながら必死に勉強や技術練習に励み、自宅サロンを開業しました。しかし、5年間は稼ぐことができず、平日の昼間はデイサービスで働き、夜間や土日はネイルのデザイン練習やサロンワークに没頭する日々を送っていました。

この頃すでに3人の子宝に恵まれ、家族のサポートがあるとはいえ、子育てや家事も同時進行でこなし、正直どう乗り越えてきたのか一切覚えていません。ただ一つだけ、どんなに忙しくても欠かさずに行ったのは、子どもたちを抱きしめることでした。人は守るべきものがあるととてつもない力が湧いてくるということを、子ども達からたくさん教わりました。

月日が経ち、25歳の春、桜の花が咲き始めたある日。いつも通り、デイサービスの仕事を終えて帰宅する途中、突然目の前が真っ暗になり、「ドカーーーン」という轟音と共に意識を失いました。私が運転していたワゴン車が大破したのです。

焦げ臭い匂いで目が覚めると、パニック状態に陥り、しばらくは車が横転事故を起こしたことを理解できませんでした。

幸いにも、すぐに救急車で緊急搬送され、大事故だったにもかかわらず命を失わずに済みました。この時思ったのは、「人間は明日どうなるかわからないな」ということ。どんなに健康であっても、予期せぬ事故で命を失うこともあるし、大ケガをして元の生活に戻れなくなることだってあります。

死と隣り合わせになった経験から、生きていれば幸せを感じることができるし、辛いことが起きたとしても時間が解決してくれることを知りました。「今を本気で生きる」とは、与えられた命を大切にし、自分自身の使命を果たすことだと身を持って知ったのです。

草を食べる生活から学び得たこと

海外求人サイトを見ていた時、マレーシアの求人が目に留まり、迷わずメッセージを送り面接を受けました。行きたいというよりは「行く覚悟」で熱い思いを伝えたところ、即採用。渡航までの1カ月で都内にあるマレーシア大使館で就労ビザを取得し、子ども達の幼稚園の退園手続きを済ませ、所有していた車などを売って海外に行くための資金を調達しました。とにかく子ども達を連れて行きたい一心で、その後の展開などこの時は知る由もなく、期待に胸を膨らませ、マレーシアへ旅立ちました。

しかし、ここからが試練の始まりだったのです。

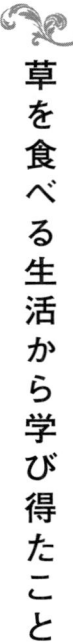

空港からタクシーで会社の社宅があるコンドミニアムへ向かい、部屋に荷物を置いた後、生活の基盤を整えるためのスーパーや、子ども達の幼稚園を探すために奔走しました。英語が話せず、右も左も分からない異国の地で本当に必死だったと思います。

しかし、子ども達の幼稚園や、面倒を見てくれる人も見つからず、結局、子ども達だけでも日本へ帰国せざるを得ませんでした。この時は自分の無知さと未熟さを痛感し、周りが心配していたことはこういうことか……と、自分の思いだけで浮かれていたことや、小さな3人の子ども達に辛い思いをさせてしまったことに対し、悔しくて涙が止まりませんでした。

とはいえ、ようやく来ることができた海外です。掴みかけた夢をここで諦めてなるものかと自分を奮い立たせ、日本にいる子ども達や両親のためにも、毎日がむしゃらに働きました。

ネイルブースのオープニングスタッフとして雇用されたので、顧客もいない、英語もしゃべれないなか店頭に立ち、「ワンカラーやりませんか?」とつたない英語で同じ言葉を繰り返し、立ち止まってくださるお客様から質問されても内容が理解できず、しばらくは英語がしゃべれるスタッフを呼ぶ日々が続きました。しかも、会社が完全な歩合制だったため、初月の給料は約500円。まったく稼げず、マレーシアの物価が安いとはいえ、とても生活できるレベルではありませんでした。

半年間は、歯を食いしばって頑張りましたが、持ってきた資金はすべて使い果たし、ついには、「明日の食事はどうしよう」という切羽詰まった状況にまで追い込まれてしまったのです。

この時、周りの反対を押し切って海外に飛び出して来たため、「ほら見ろ! だから言っただろう」との言葉が頭をよぎり、助けを求めたい気持ちと、自分のプライドとで葛藤しました。いよいよ食べ物がなくなった時、飲めない水道の水を飲んだり、調味料を舐めたりしましたが、すぐに空腹に耐えられなくなりました。極限状態に追い込まれ、最終的にはコンドミニアムの庭で雑草を食べることに。雑草を手に取り、醤油をかけて食べてみたら、まるでおひたしのようなおいしさに感動したことを思い出します。

雑草を食べている時に感じたのは、「地球に生まれてよかったな」ということです。地球にはたくさん緑があり、それらは食べられるだけでなく、われわれ人類が生きるのに必要不可欠な「空気」も供給してくれます。そう考えた時、あらゆるものへの感謝の気持ちが湧き起こり、今まで何不自由なく私を育ててくれた両親に対する感謝の思いがあふれてきました。それと同時に、感謝をすることの「本当の意味」を理解していなかったことに気づきました。

約5日間、雑草生活を送りましたが、やはり限界がやってきました。そこで、生きるために、スタッフが残したお昼ご飯の残りをもらったり、マレーシアの観光地である「チャンカット・ブキ・ビンタン」で残飯をもらったり、観光客にお酒をおごってもらったりしました。マレーシアは多民族国家であり、貧富の差も激しく、小さな子ども達が夜通し一輪の花を観光客に売ったり、物乞いしたりしている光景が日常でした。この環境を目の当たりにした時、日本の恵まれた環境にも感謝の気持ちがこみ上げてきました。

どん底のなかで巡り合ったかけがえのない出会い

このサバイバル的な生活は長くは続かず、気がついた時にはマレーシアに来た時から約20キロも体重が減少していました。ヘロヘロな状態で仕事をしていたある日、たまたま同じ会社の別店舗の店長であるカナさんがネイルをしに来てくれました。彼女は誰よりも早く私の様子がおかしいことに気づいてくれて、「今日、仕事が終わったらうちにご飯を食べにおいで」と声をかけてくれました。

カナさんが手作りした温かい湯気の立つキノコの炊き込みご飯とお吸い物は、今でも思い出すだけで鳥肌が立つほどの絶品でした。当時、その優しさと美味しさに、まるで命を救われたような気持ちになりました。私は食べ物の好き嫌いが多かったのですが、この経験を通じて何でも食べられるようになりました。きっと、「食べなければ死ぬ」ということと、「食べられる幸せ」を深く理解できたからだと思います。

時間や食べ物、お金など、与える側からすれば当たり前のことでも、受け取る側にとっては当然ではないことを心から理解し、「ありがとう」と感謝の気持ちを伝えることが大切だと思い知りました。

マレーシアに来て1年経ったある日、日本の両親から1本の電話が入りました。そして、電話口で鳴咽しながら話す父から、「隆一が胃がんになってしまった。孫たちの面倒を見られないから、帰ってきて欲しい」と言われたのです。その瞬間、頭が真っ白になり、同時に、最愛の家族を失うかもしれないという恐怖で震えが止まりませんでした。隆一は私の兄で、当時31歳。2人目の子どもが生まれ、家も建てたばかりでした。社長に事情を話し帰国を願いましたが、彼女は渋る一方で話になりません。兄の病気の知らせを受け、明日何が起こるか分からないという現実を再認識しました。

次の日、マレーシアを旅行中のモルディブ人「アナ」という新規のお客様が来店しました。そして、その出会いが私の人生を大きく変えることになります。

あまり英語が堪能ではないことに気づいてくれた彼女は、携帯を差し出し「このデザインをやってください」と一言だけ発し、施術中じっと私の手元を眺めていました。

しかし、仕上がったネイルを見て、「素晴らしい！　私はモルディブでトータルビューティーサロンを経営している代表です。ネイルブースを立ち上げようと思っているから、あなたうちのサロンのネイリストになってくれない？」と言ってくれたのです。

つまり、ヘッドハンティングを受けたのです。

この時、マレーシアでの経験を活かせる大チャンスだと思った私は、「行きます」と力強く返事をしました。すかさず、「贅沢は言わないから、ご飯が食べられるくらいのお給料は保証されていますか?」と尋ねると、「ええ、もちろん。ご飯を食べないでどのように仕事をするの?」と笑われたので、私もニコッと笑い連絡先を交換しました。

その夜、「お兄ちゃんががんになってしまい手術をするので日本に帰国します。次はモルディブに行きます。出会えて良かったです」とメッセージを残し、荷物をまとめて、いったん緊急帰国することを決断しました。

約4カ月後、兄の手術が無事に終わり、再び挑戦するために両親と話し合いを重ね、次なる挑戦の地モルディブ共和国へ向かいました。

到着してまず購入したのは、「1合炊きの炊飯器」と「魚を捕獲するためのモリ」でした。食べることが生きるうえで非常に大切だとマレーシアで痛いほど学んだからです。まずは食料確保をしっかりしてから3カ月間、集客に専念しました。あっという間にその期間が過ぎたある日のこと、ロングヘアーの美しい若い女性が来店されました。いつもどおり丁寧に施術し、楽しい会話を交わし帰られたあと、彼女がモルディブ大統領の娘であることを知りました。そしてその日を境に、想像もしなかったほど多くの電話が殺到し、2カ月先まで予約が満席になるほどの忙しいサロンに一変したのです。それは、紛れもなくアナに出会えたおかげです。

夢は協力し合うことで実現する

モルディブでも、さまざまな出来事がありました。紆余曲折を経て日本へ帰国する前日、ネイルブースのマネージャーであるネパール人のシータから、「あなたの働きぶりは見事でした。インドやネパールでもネイルの事業を展開して行こうよ！」との提案があり、私は「やりたいです！」と即答しました。

何よりも帰国後の目標になると思い、まずは日本でベースとなる会社の基礎を作ることを決意しました。そして、海外で学んだ日本のネイルとは異なる価値を日本全国に広めたいと考え、ネイルスクールを立ち上げたのです。

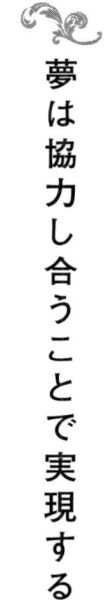

次の日、帰国後すぐに行動に移せるよう、帰りの飛行機の中で「帰国後の目標」を考え、段取りを紙にメモしました。羽田空港に到着してまずは、ネイルスクール時代に出会った香織に電話をかけ、「明日からネイルスクールを始めようと思うから、私の家まで来てくれないかな?」と伝えました。すると彼女は「すぐに行くね！」と2つ返事で快諾してくれました。

帰国から1週間が経ち、偶然にもニュースで「新型コロナウイルス」が流行り出し、日本の空港もすべて閉鎖されたことを知りました。そのタイミングで帰国できたことはとても幸運でした。

しかし、ネイルスクールをいざ始めてみると、「人に伝えること」のむずかしさに直面しました。そこで私がとった行動は、意識改革や心理学、そして経営学にも取り組み、現場でのアウトプットを重ねることでした。そして学びを深める最中、私だけでなく、生徒達も練習してきたことを実践で活かす場が必要だと感じ、スクール開校から1年後にネイルサロンの立ち上げを決意しました。

サロンでは、お客様への伝え方や、手を動かしながら会話をする方法などを実践練習し、卒業後は各生徒さんが独立したり、併設サロンでの勤務を選択できたりする流れを構築していこうと考えたのです。

そんななか、サロン開業から2年後のこと、蓄えてきた運営資金や経験が投資詐欺に遭い、これまで貯めてきた資金をすべて奪われるという事態が起きました。その時、お金を失う恐怖よりも大きかったのは、一緒に頑張ってきた仲間を失う恐怖でした。しかし、スタッフ全員がそばに居てくれて、「全員で取り返すぞ！」とこれまで以上に協力してくれました。なかでも店長の香織が言ってくれた、「死んでないから大丈夫。死ぬこと以外かすり傷と里美がいつも言っているよね！　最悪2人でサロンワークしよう」との言葉にはとても救われました。彼女からは、「粘り強さ」と「愛」をたくさん学びました。

現在、サロンの売り上げは立ち上げ当初から約4倍に増加し、他にもホームページやWEBデザイン制作、地元の天然水を使用した化粧水の開発、海外事業展開にも挑戦しています。日本の水質の良さをフル活用し、日本経済を活性化させると共に、働きやすい環境を提供し、成長し続ける会社を目指しています。また、日本の子ども達や夢を諦めている人々に「夢を諦めず、協力し合うことで実現する」というメッセージを伝え続けたいです。最終的な目標は、はじめに述べたように紙幣に載ることであり、そのためには生きているうちに偉業を成し遂げなければならないと考えています。これが私のビジネスの原動力であり、時間が有限であることを意識しつつ、「今の自分には何ができるのか?」を逆算して事業計画を立てています。

女性の感性はとても素晴らしく、これまでお会いした女性経営者は皆、ズバ抜けた行動力を持っています。

私たちは常に生と死と隣り合わせで生きています。そのなかでどう楽しんでいけるか、そのためには目標を持ち、その目標に向かって進む生き方を、この本を読んでいるあなたにも選んでほしい。そして、私は未来の自分を見いだせるような会社作りを今後も目指していきたいと思っています。

Message

あなたへの
メッセージ

あなたの人生はあなただけのもの。
夢を叶えるのも、
諦めるのもあなた次第です。
チャンスは常に
あなたの心の中にあります。
一歩踏み出さなければ、
そのチャンスを掴むことはできません。
ぜひ、勇気を出して、
一歩を踏み出してみませんか?

一木里美さんへの
お問合わせはコチラ

COPコンサルティング 代表
整理収納コンサルティング運営

水口智恵美

人はいくつになっても
進化・成長できる！
経験値も人脈も
お金もない
ごく普通の主婦が、
片付けのプロとして
輝き始めた奇跡。

Profile

1961年鳥取県生まれ。転勤族に嫁ぎ、30年間で10回以上の引越しを経験。思い出の品や便利グッズなど、引っ越すたびに増える荷物に囲まれ困惑していた2012年、「整理収納アドバイザー1級・認定講師の資格を取得。個人宅向けのサポート経験の中で、片付けは捨てる事では無く「本当に必要なモノ（未来）を掴み取る事」という独自理論を提唱し、2019年より「企業向け片づけコンサルティング事業」C.O.P. コンサルティングを開始（ちぃのかたづけポケットより改名)。コロナ禍に、ＺＯＯＭを使ったコンサルティングメソッドを開発。業務効率から売り上げＵＰと企業の課題解決をサポートしている。

1日の
スケジュール

Morning

6:30 起床・ストレッチ

8:00 毎日ブログ投稿

9:00 仕事（訪問 or Zoom）

18:30 帰宅

20:30 事務作業

22:00 毎日ブログ翌日投稿分の下書き

24:00 就寝

Evening

人の進化成長に年齢は関係ない

専業主婦から抜け出した40代の10年間、当時住んでいた地域の市役所で、臨時職員として働いていました。仕事内容は、パソコンへのデータ入力や発送業務、窓口・電話応対などの事務職がメインでした。当初は、パソコン入力の件数が少なかったため、何とか業務をこなしていましたが、パソコン操作が初心者レベルだった私は、このままではマズイと感じ、すぐに自費でパソコン教室に通うことにしました。

その後、パソコン操作に自信を持ち始めると、業務で使用していた個人情報の書類管理ツールであった「個別フォルダ」に興味が湧き、偶然見つけた「書類セミナー」を受講しました。軽い気持ちで受講したセミナーでしたが、結果的には現在の「片付けコンサルタント」の基盤となる「整理収納アドバイザー」の資格取得へと導いてくれたのです。

当時、30年振りの試験勉強に取り組むことになりましたが、一筋縄ではいきませんでした。口頭では「△△理論とは……」と答えられるのに、記述しようとすると手が止まってしまうのです。そんなことが繰り返されると、情けなくて涙が溢れ、「受験をやめようかなぁ」と心が半分折れていました。

そんなある日、当時大学生だった娘が、バイト代でデパ地下の高価なケーキを奮発してくれたのです。「50歳を目前に、新しい目標に向かって頑張っているお母さんに、本気で感動しているよ」と、目を潤ませながら話してくれました。その瞬間、「やめようかなんて弱気になっている場合じゃない！」とわれに返りました。

そこから懸命に取り組み直し、一週間ほどした頃、頭頂部辺りで、「パカッ」と何かが開いたような音がしました。冗談でしょと言われそうですが、本当に「パカッ」と音がしたんです。その瞬間からです。面白いように勉強が進み始め、整理収納アドバイザー2級・1級、そして2級認定講師までの3つの資格を、とんとん拍子に最短で取得することができたのです。

その後は、当時の室長である上司からも認めていただき、職場で知識・ノウハウを活かす機会をいただきました。それは、係内全体の環境整備を行うという、大掛かりな実践でした。当時、各自のデスクには、前任者から引き継がれた研修の冊子などが鎮座しており、作業スペースを奪っていました。それらをすべて一カ所に回収し、複数冊あるモノは処分し、1冊ずつを共有の棚に保管するというルールも作りました。これまで放置されていた整備を行ったわけです。その結果、室内の視界・空気が一新し、「デスクが広く明るくなった」「作業がしやすくなった」と、喜んでいただきました。皆さんのお顔までもが明るくなった感動は、今でもはっきりと覚えています。室内の環境が整った係内は、コミュニケーションにも大きな変化が起こり始めました。どことなくギスギスしていた雰囲気から、「お互いの業務を助け合う」という風土が育まれていったのです。それまでは、特定の人が慢性的に残業していましたが、コミュニケーションが良くなったことで、係内全体で残業の習慣が激減したことも大きな効果でした。

仕事柄、ブログやセミナーなどで「割れ窓理論」*のお話を事例として用いることがありますが、まさに「環境で人は変わる」という片付けの奥深さや影響力を感じた、最初の一歩でした。そして、この一歩は、「専業主婦」からの大きな思い切ったチャレンジのスタートでもありました。パソコン操作の上達しかり、「整理収納」の資格取得もしかりです。人は大人になっても、年齢に関係なく、自分が望めば「成長するのだ」「変われるのだ」ということを、身をもって実践した40代の10年間となりました。

*【割れ窓理論】＝小さな秩序の乱れを放置していると、そのことが大きな秩序の乱れに繋がってしまう。犯罪学の理論のことで、アメリカの犯罪学者であるジョージ・ケリングによって発案され、割れた窓をそのまま放置しているとモラルの低下と共に治安が悪化していく。ということから、名付けられたと言われています。

資格は取ったものの先が見えず……

「整理収納」の資格を取得し、当時の職場では役に立っていたものの、「片付けのプロ」として、どのように活動していけばよいのか、先が見えないことへの不安が襲いかかるようになっていました。これまでに体験したことのない不安を覚え、はじめて丸4日間一睡もできないという経験をしたのです。

なぜこんなにも不安な気持ちになったのでしょうか。じつは、「覚悟を決めて行動すれば、人は変われる」ということを体験した私は、その頃から「自分を生きる・自立」を本気で考え始めていました。いわゆる熟年離婚です。当時の仕事は週3日の勤務で、安定はしていましたが、扶養内での採用だったため、どんなに頑張っても時給が変わることも、勤務日数が増えることもなく大きな飛躍は望めませんでした。他の職場に移るとしても、正規雇用はむずかしいうえにすぐに定年が訪れ、収入にも限界がやってきます。そう考えた時、自分で定年を決められる、起業の道を模索していたわけです。だからこそ、一日も早く本業として「整理収納」の仕事で食べていけるようになりたい、同時に、いったいどうすれば良いのかと悩んでいました。

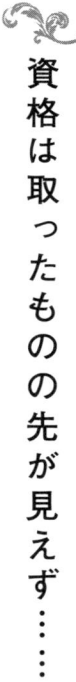

経験を積むために、ママ友に資格を取得したという話をすると、「凄い！　片付けを教えて欲しいわ」と言われるものの、いざとなると、「片付いていない」ことを理由に断られるのがオチでした。そんな日々が続き、悶々と過ごしていたのです。そして言い様のない恐怖感は、どんどんと募っていくばかり。目の前に立ちはだかる、この巨大な壁は一体何なのか、自問自答を続けました。

そしてある時、「不安」の根源に気づいたのです。

それは、「片付けのプロ」としての現場をまったく知らないことからくる不安でした。知識として学んだ理論はあるものの、本当にそうなのか、学んだようなアプローチで果たしてうまくいくものなのかと考えれば考えるほど、不安は募るばかりでした。しかし、いつまでもこんな堂々巡りをしていても前には進めません。そこで、コミュニティ内でのイベントで、リーダー的存在であり、経営者としてスタッフもいらっしゃる、同業者の先輩に直談判することを決めたのです。そして、「無料で構わないので、プロの現場へアシスタントとして連れて行ってください」とお願いをしました。すると先輩から、「プロとしてお連れするのだから、時給を支払います。お客様から、たとえ1円でもお金をいただくならば、プロとしての仕事をすること。その覚悟で来てくださいね」とまさかの一言をいただいたのです。その瞬間、「無料で構わないので、現場へ連れて行ってください。」とお願いした自分が恥ずかしくなりました。この時教えていただいた仕事への心構えは、後輩へも引き継いでいる、大切な原点になっています。

先輩は、現場でお客様へのアプローチ（本日の流れから、修了後のクロージングに至る）を、惜しみなく見せてくださいました。自身も、現場初日にもかかわらず心構えを実践し、一部ではありますが、「収納」も任せていただきました。

非常に緊張しましたが、あっという間の3時間作業を終えたプロデビュー初日の帰路、先輩からこんなありがたい言葉をいただきました。「水口さん、センスがあるから、プロとしてやっていけるよ。頑張って」と。そのフィードバックにより、得体の知れない不安の壁はスーッと消えていきました。そして、希望の光に全身が包み込まれて、体中が熱くなったことは、10年以上経った今でも忘れることはありません。

その後もしばらく、先輩の現場にアシスタントとして同行させていただきました。先輩のお客様は、長期契約の方が多かったので、家が片付く様子と、お客様の心模様・表情が、どんどん変わっていかれる様を、たくさん経験させていただきました。この時の経験は、「片付け」という仕事の素晴らしさや重要さを毛穴から吸収することができた、本当に貴重な時間でした。人生の後半戦で、天職に出会えたことを心から誇りに思い、幸せを噛みしめていました。

ないない尽くしだった私が、人のご縁に導かれて

起業して10年ほど経ちますが、これまで本当に良いご縁に恵まれてきていることには、感謝しかありません。前章でお話したように、アシスタント同行での経験を積ませていただいている最中に、安定収入として10年間大変お世話になった臨時職員の仕事を手放しました。「整理収納」の仕事に邁進する決断をしたからです。自身のブログなどで度々お伝えしていますが、目的をもって書類やモノを手放すと、空いたスペースに必要な物事が、時間差で入ってきます。それは、私自身の決断も例外ではなく、パートの安定収入を手放したことで、「片付け部門」を持つ派遣会社（東京本社）からオファーをいただくご縁に巡り合えたのです。このオファーは、東京での勤務ではなく、大阪支社の立ち上げメンバーとしての打診であり、提携が決まりました。

ここでは、個人様宅のサポートはもちろん、大手の不動産会社（リフォーム部門）様からの、集客セミナー講師としてのご依頼も次々といただくようになり、イベントの際には、１００名・２００名集客のなかで、登壇させていただく機会にも恵まれました。

新築マンションのオーナー様向けには、マンションライフアドバイザーとしての任務を

受けて、3カ月から1年のカスタマーサポート時に、数百世帯のお宅を訪問し、定期点検と共に、片付けのプチアドバイスなどもさせていただきました。同じ間取りでも、持ち物によって一つとして同じ収納はありません。世帯の数だけ収納が存在するという事実を体験できたことで、「片付けは理論ではなく、現場ありき」という持論を確立することに繋がっています。

とはいえ、起業を決断した時には、「経験値も人脈もお金もない！」。その上、自信もない！」。ないない尽くしだったのです。しかし、こうして振り返ると、大きな岐路に立った時、必ず導いてくださる人との出会いがありました。

ビジネスの「ビ」の字もわからずに、50歳で始めた起業です。恥ずかしながら、経営者セミナーに参加しても、聞き慣れないビジネス用語に戸惑い、メモして帰っては必死で調べる悪戦苦闘の日々でした。足りないものを埋めようと、アレもコレもと、色々なセミナーを受講しました。ビジネスの学びはもちろんですが、専業主婦やパート主婦歴の長かった私にとって、出会うことのなかったさまざまな業種の経営者の方との出会いは、仕事をするうえで貴重な「人脈」というご縁をいただく機会でもありました。特に、週3日のパートと並行しながら受講した講座でのご縁は、今に繋がる奇跡的な出会いだったと言えます。

その1つは、この講座で同期だった経営者さんから、「ウチの会社を片付けて欲しい」とご依頼をいただいたことです。法人様との仕事は、法人様のお客様である個人様に向けての、片付けセミナーやサポートでした。つまりこの時、初めて「法人様からの片付けサポートをご依頼いただだいた！」ということ。この実績が、個人様サポートから法人様向けの片付けコンサルタントへ軸を移す、大きな転機になったご縁でした。

実は、このご依頼、自信がなくて一旦はお断りしたんです。それでも、「モニターになってフィードバックするよ。『片付けのスキル』は会社にとって必要なことなのだから」と、そこまで言っていただけた、本当に恵まれたご依頼だったのです。ここでの成果が、その後ご訪問された経営者仲間の皆さんから、「凄い！」と口コミで広げていただくこととなり、法人様からのご紹介や、ご依頼へ繋がる起点となりました。

こうして法人様向けの「片付けコンサル」が軌道に乗り始めた頃、大阪支社の立ち上げスタッフとして提携した派遣会社（東京本社）も、約2年半を経てリーダーとなるべくスタッフさんをお育てし、卒業しました。そして、本格的な起業が始まったのです。

点と点が繋がり線へ。そして面へ

プロとして「片付けの現場」に出てから、順風満帆で来たかのように見えますが、現場での失敗も多くやらかしてきました。「失敗をしてきました」と言えること自体が、私にとっては、人生の後半戦に得た大きな進化と成長なのです。長女気質の私は、「お姉ちゃんだからできて当たり前」という強い思い込みを持ち続けて、失敗することを極力避けてきました。できることをするから、今までは成功しかなかったわけで。失敗しそうになると、先回りして「言い訳」を考えていました。

しかし、はじめて受講した経営者セミナーで、半世紀近い思い込みが、ひっくり返る体験をしました。それは、同期生専用SNSグループの使い方として「成功体験はもちろんだけど、失敗体験をどんどんシェアしてくださいね」という初回での講師からのお話でした。それを聞いた時、自分の失敗をシェアする人なんているわけない、何を言っているのだろうと不思議でしかありませんでした。ところがです。行動して失敗すると、その報告がSNSグループにUPされるのです。しかも明るく。すぐには信じられませんでした。

さらに驚いたのは、失敗の投稿に対して、メンバーがコメントをしたり、サポートに行く人まで現れたり、失敗した人が、皆から応援されているのです。

そんな様子を目の当たりにして、「失敗する自分を許しても良いのだ！」ということを、はじめて受け入れることができたのです。同時に、アクセルを踏みながらブレーキをかけていた、自分自身の矛盾にも気づくことができました。そのことがきっかけで、アクセル全開で行動することができるようになりました。

行動の数が増えれば、おのずと失敗の数も増えます。「失敗しても良いのだ」と頭では理解しながらも、しばらくは激しく落ち込みました。まだまだ失敗する自分が、怖かったのだと思います。しかし、失敗を重ねるなかで、大切なことに気づきました。それは、「あの時、失敗しなかったら、今回大きなミスになって信頼を失っていたかもしれない」ということ。あの失敗があったからこそ、建て直して今回の大きなチャンスを掴めた。つまり、失敗は成功へのプチプレゼントなのだと思えるようになったのです。

このような経験を繰り返していると、「この失敗は、どこの点に繋がるのだろう」という風に、失敗してもワクワクする気持ちが湧くようになりました。困った時の神頼みな私ですが、神様は無駄な経験はさせないし、失敗には意味があると思えるようになると、失敗の「点」が意味のある次の「点」へと繋がります。そして、その点と点が繋がって「線」となり、やがて「面」へと広がっていく様が、次第に映像として捉えられるようになったのです。それは、コロナ禍で「片付けの現場」に立てなくなり、不安な状況に陥った時に繋がったご縁（点）で、確信に変わりました。

私は２０１８年の11月から、ビジネスブログを毎日書き続けるというコミュニティに所属しています。１年間３６５日、書き続けたメンバーが受講できる講座があるのですが、申し込みをした時には、誰もが想定することができなかった、コロナウイルスが世界を震撼させる事態が起こりました。講座はこのコロナ禍での緊急事態宣言解除後の開催となったのです。正直、精神的にも経済的にも厳しい状況での受講でした。

そんな状況のなか、お互いのビジネス向上のために、切磋琢磨したメンバーの一人が、「リモートでの『片付け』サポート」を懇願してくださいました。

しかし、リアルな現場にこだわっていた私は、その時、二の足を踏んでしまったのです。はじめての法人様からのサポート依頼に、不安を感じたあの時とまったく同じ心境でした。それは、現場での空気感がわからない、つまりリモートのサポートに自信が持てなかったのです。そんな私に対して、あの時と同じように「これからの時代、リモートのサポートは絶対に必要だと思うよ」と心からの声援を送ってくださり、その言葉に後押しされて実践に踏み切ることができました。

「案ずるより産むが易し」。結果、私の想像を超える効果を得ていただくことになりました。この一つの「点」を機に、関西圏での現場サポートの枠を大きく超えることができました。今では、青森県や東京、静岡、名古屋、広島、九州といった全国の経営者様からご依頼をいただくようになり、新たな事業の柱としての進化を遂げています。

現在、ビジネスブログの毎日投稿は、6年目を迎え、今もなお走り続けています。1年間365日、欠かすことなく書き続けることを目標に始めるのですが、私は1000日を目指してスタートしました。1年を目標に設定すると、1年で終わってしまいそうな気がしたからです。1000日と言えば、3年近くの継続になります。そのくらいの期間を続ければ、確実に習慣化すると思ったからです。

1日1日の投稿は「点」です。それぞれが小さなミジンコのような「点」です。しかし、1年、2年、5年と継続することで、「線」として繋がり、面の広がりを感じることができるようになっています。何事も始まりは、ほんの小さな一歩（点）です。

ごくごく普通の48歳のパート主婦が、「自分を生きる」ためのチャレンジを始めました。自分の失敗を受け入れることを覚え、行動し続けています。62歳となった今も、「毎年進化した自分に出会う」「年齢を理由にあきらめない」というポリシーを持ち、まだまだ進化成長の進行中です。今後は、これまでいただいたご縁をさらに広く強く紡いでいくために、一人ではなくチームを作り、後輩の方へとご縁を送りたいと思っています。

Message

あなたへの
メッセージ

成功の反対は失敗じゃなくてね
「行動しないこと」なの。
失敗にはたくさんの希望と
可能性が秘められています。
そのチャンスを掴まないなんて
もったいない。

水口智恵美さんへの
お問合わせはコチラ

familie 代表
宿泊業／運送業

宮脇かおり

離婚、がん発覚、元夫の借金と病気……逆境を乗り越えポジティブに生きる女性経営者の奮闘記

Profile

1963年生まれ61歳。愛媛県出身の滋賀県在住。趣味は仕事とゴルフ。中学時代にソフトボールを始め、チームの主将になる。県大会出場の実績を認められ特待生としてソフトボール強豪校の女子高に入学。高校卒業時、幼少期からの夢だった体育教師を目指すも家庭の事情で大学進学を断念。その後、ソフトボール実業団チームのある企業に就職。3年間就業したものの、実業団での実力が奮わず、21歳でソフトボールを卒業。22歳で結婚し、2人の息子が誕生。しかし、夫のギャンブル（借金）が発覚し離婚。33歳で製造会社に再就職。ワンオペ育児と仕事との両立に奮闘する毎日を送る。50歳を迎えた年に定年後の生き方を考え始め、55歳で早期退社。57歳でゲストハウスの経営者となり、現在は運送業もこなしている。

1日の
スケジュール

Morning

6:30　起床・家事

10:00　ゲストハウス管理業務や配送業、事務処理など

20:30　帰宅・家事

21:00　夕食・一日頑張ったご褒美の晩酌

22:00　家事

23:00　就寝

Evening

起業を決意した矢先に……まさかの癌発覚

息子2人の子育てをワンオペでこなす傍ら、製造会社で働き早20年という月日が経ち、とにかく無我夢中で突っ走ってきました。そして、50歳を過ぎた頃、息子2人も成人し、定年後の自分の生き方をまざまざと考えるようになりました。

当時勤めていた製造会社は正社員で役職にも就いていたものの、55歳で役職定年。60歳になれば定年退職です。延長雇用で契約社員として会社に残ることはできますが、お給料は正社員の4割減になるという厳しい現実が待っていました。

「私は定年後にどんな生活を送っているだろう」と、5年後10年後の自分の姿を思い浮かべては、このまま会社にしがみついていていいものか、疑問を抱くようになったのです。

そんななか、「会社員を辞めて自分の力で何ができるのかチャレンジしてみたい」という意欲が次第に湧いてくるようになりました。同時に、何か新しいことを始めるには、「心も体も少しでも若いうちに動き出すべきではないか」とも考えていました。

そしてある日、自分の心に従い、23年間勤めた会社を55歳で早期退社し、退職金で起業しようと決意したのです。

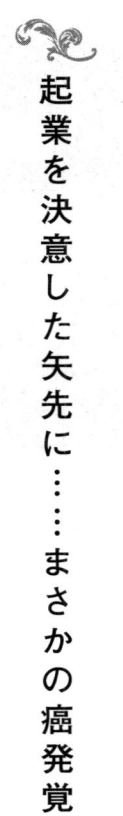

思えば、会社では管理職を務め、海外での仕事も経験していたので「自分は何でもできる！」と思い、根拠のない自信だけで起業に踏み切ったような気がします。たまたま起業経験のある中国人の友人からビジネスのノウハウを学ぶことができ、それが独立する後押しとなり、迷いはほとんどありませんでした。

友人は、「動きながら考えて選択していく」という柔軟な考え方を持っています。どちらかというと保守的で用意周到な日本人とは違った考えの彼女に、非常に感銘を受けました。実際、私は彼女をお手本にし、考えながら行動するようになってからは、視野が広がりました。

もちろん、動きながら人生を選択していく生き方には試練がつきものです。私も起業してから、神様から試されるような出来事が次々と起こりました。

「自分には何ができるのだろうか」と期待に胸を膨らませ、起業の準備を始めていた矢先、会社を退職して間もなく受けた健康診断で、大腸がんが発覚したのです。意を決し大腸の内視鏡検査を受けた時のことは、今でも鮮明に覚えています。検査時に、下剤を大量に摂取しても便がまったく出る気配がなく、「便が出なければ検査はできません」と窓口で言われ、仕切り直そうと家に帰りかけた時、腹痛で動けなくなり緊急搬送されたのです。

直ちにCT検査を行い、診察室で主治医の慌ただしい様子を見た時は、「あぁ、これはあかんやつ」と直感的に思いました。主治医に、「腫瘍は悪性ですか、私は死にますか?」と尋ねると、かなりがんが進行しており、危険な状態であると告知を受けました。「ウソだと思いたい……」、すぐには現実に向き合うことができませんでした。検査の結果はステージ3bとかなり深刻。リンパまで転移している状態です。まさに死を覚悟した瞬間でした。

しかし、手術でがんを摘出し、抗がん剤治療を行い命拾いしました。亡くなった母が守ってくれたのかはわかりませんが、これからも生きていけると知った時は安堵の思いでした。

確実に言えることは、起業することを決意しなければ、大腸の内視鏡検査を受けていなかったということ。つまり、このタイミングでがんが発覚することはなかったわけです。絶体絶命の危機から生還したことは意味があったとしか思えません。だからこそ、「生かされたことに感謝して人生の終焉を迎えよう」「悔いなくやりたいことをやろう」と心に決めたのです。

そして、本気で生きようと決めた途端、やりたいことも見つかりました。それが、ゲストハウスの経営です。闘病生活と同時に、経営者への道が始まったのです。

ちょうどこの頃、プライベートでは、長年友人関係だった人との再婚が決まりました。

大きな転機が立て続けに訪れたのです。

そういうと、おめでたい話に聞こえますが、再婚相手に多額の借金があることが発覚しました。しかも、一緒に暮らして間もなく、結婚相手が病気になってしまい、働くこともままならなくなってしまったのです。すぐに別れるつもりでしたが、負債は家業の経営不振によるもので、義母も同居していたため、同情心から別れを告げることはできませんでした。そこで、「自分が頑張ればどうにかなるのでは」と気持ちのギアをグンと一段上げて、再婚相手と義母を支えることを決意したのです。私はまた、大きな試練を背負う覚悟をしました。

立て続けに辛い出来事が起き何度もくじけそうになりましたが、それでも前を向いてこられたのは、何事もポジティブに捉えてきたからです。

「命がある限り、なんとか頑張っていけるでしょう」という前向きな思考で、病気になっても借金があっても新しいことへのチャレンジ精神を持ち続けました。

予期せぬことが起きた時は、進みながらどうすればいいかを考え、その都度選択していく柔軟さが大事だと気づかされたのです。

「逆境からの転機」ポジティブ思考になれた理由

今も試練を乗り越えることに日々奮闘中ですが、ポジティブに考えられるようになったのは、シングルマザーで子育てをしていた辛い経験があったからだと思っています。というのも、もともとポジティブ思考だったわけではありません。それがどのようにしてネガティブに考えなくなったのか、私の体験談を少しお話しさせてください。

第1子の出産日は、母親が他界してまだ3カ月しか経っていない時でした。出産のサポートをしてくれる人がおらず、一人で荷物をまとめ病院に向かいました。立ち合い出産を約束していた夫はギャンブルに明け暮れ、当時は携帯電話もなかったため連絡が取れず、結局、病院には顔を出しませんでした。

病院の分娩室で、となりの妊婦さんのご家族が集まっている様子を見て、「なぜ自分は一人なのだろう」と泣きながら出産したことは本当に辛く、今でも鮮明に覚えています。

ギャンブル依存症の夫とは、数年間は離婚を踏みとどまっていましたが、第1子出産から5年後に2人目の子どもの出産日が近づいていた時、またもや借金が発覚。しかも夫名義で子どものために積み立てしていた貯蓄もすべて解約されていた事実を知り、ついに離婚を決意しました。

しかし、本当の苦労はここからだったのです。

再就職した製造会社では、正社員として働いてはいましたが、給料が少なく子ども２人を養うにはあまりにも厳しい状況でした。家賃や生活費、教育費などの支払いで毎月赤字続き。２人の息子たちは野球をしており、道具や遠征などの費用も重くのしかかります。元夫からは養育費を一切もらえなかったので、母子手当や公的支援を糧として、何とか２人の息子を育ててきました。

振り返ると、シングルマザーでの子育て期間は、人生のなかで一番辛く、いつ心が折れてもおかしくありませんでした。

しかし、幸いにもピンチの時には必ず救いの手が差し伸べられていました。周りの方に何度助けられたことか。この経験は、生きることへの原動力となっています。

また、こんなこともありました。

金銭面で苦しい時、市の職員さんたちが色々相談に乗ってくださり、事あるごとに助けてくれたのです。銀行の窓口担当者の方も、頑張っているシングルマザーを応援したいと言ってくださり、「家賃を支払うより住宅ローンの返済のほうが安くなるから」と住宅ローンの斡旋をしてくれ、マンションを購入することができました。また、子どもの学費が足りない時は、会社の同僚や友人、親戚などが現金を貸してくれました。周囲の方々の心強いサポートがあったおかげで、難局を乗り越えることができたのです。

子育て中は本当にお金がなかったため、お化粧品も安価なものばかりで、自分に使うお金は一切ありませんでした。

そんなストレスから、このままではメンタルが崩壊してしまうと思い、子ども達の成長と野球の応援、仕事を趣味にしようと思うことで、平常心を保っていました。

それらの経験があったからこそポジティブ思考ができるようになったのです。目の前で起きることへの捉え方が変わったことで、その後の仕事への向き合い方や日常生活に良い影響を与えたことは間違いありません。

ネガティブな考えを一切しないということではなく、ネガティブななかにも「ポジティブな一面がある」という視点を持つように心がけたのです。

すると、いつの間にか自然と物事をポジティブに捉えることができるようになっていました。

再就職先で成し遂げた成果と成長

再就職した製造会社に採用された経緯には、不思議なご縁を感じました。

20代の時不動産会社に勤めており、図面を手書きしていた経験があったため、ハローワークでCAD（図面作成ソフト）が使える会社を探し面接を受けることにしたのです。ところが、私が受けようとしていた企業の技術部門では年齢制限が30歳だったため、当時34歳の私には応募資格がありませんでした。やむを得ず35歳まで応募可能な購買課にエントリーすることにしました。

面接の当日、応募した経緯を採用担当者に話すと、「たしかに技術部だと30歳までという年齢制限はありますが、やりたい仕事の方がよいでしょう」とまさかの言葉をいただいたのです。それで希望の技術課への採用が決まり、興味があったCADに携われることになりました。

こちらの職場では、図面作成の業務を長年こなすことになり、設計アシスタントから設計担当を経て、技術部、管理部門の管理職へと昇進できました。管理職になってからは、部下を指導する立場となり、仕事の幅が広がりました。下積み経験から得た改善すべき業務の推進も任されるようになりました。仕事は国内の設計部内の業務にとどまらず、会社の人材育成にも取り組むチャンスにも恵まれました。

また、海外工場の仕組みづくりにも携わり、これは大きな励みになったことを覚えています。考え方も習慣も違う外国人との信頼関係を築くことは、並大抵ではありません。しかし、ある時、自分の経験や自分の思いをストレートに伝えてみると、「相手との心の距離が縮まり信頼を得られる」ことに気づきました。

本音と建前を使いこなすことは時に必要ですが、「本音を伝えることがもっとも大事」だと痛感したのです。

これらの取り組みが会社に認められたのか、他部門で心が病んでしまったスタッフや、障害者雇用のスタッフを自分の部署で預かるようになり、会社では「宮脇再生工場」と呼ばれるまでに至りました。

人材育成だけでなく、会社の仕組み改善や構築にも携わり、作業効率を大きく変える功績も残し、人間的な成長に繋がったと思います。

成功に近道はありません。地道な努力が実を結ぶのだと、みずからの経験を通し実感しています。

「私らしく」生きることが何よりも幸せ

経営者として走りだしてから、「一人では何もできない」「自分には無理かも」と挫折することが幾度とありました。

そんななか、もう一度「自分はどうしたいのか」「どうなりたいのか」と原点に立ち返った時、ありのままの自分を認めて自分を好きになろうと心に誓ったのです。

ゲストハウスは、「ここだからこそ味わえる特別なサービス」をコンセプトに、お客様の期待を超える「かゆいところに手が届くサービス」を意識するようになりました。それからは、お客様からのレビューが格段に良くなり、週末には予約で埋まるようになっていきました。

しかし、喜びも束の間。ゲストハウスが順調に進み始めた頃、新型コロナウイルス感染症が全盛期を迎え、客足は遠のき売上は激減しました。

想定外の事態が起きたことで、ゲストハウス経営の傍ら、運送業を始めることになったのです。

とにかく、病気の夫と義母を支えるためにお金を稼がなければいけなかったので、考えているヒマがなく、なりふり構わず行動するしかありませんでした。

とはいえ、運送業の仕事をし始めてみると、案外やりがいがあり、売上が大幅にアップすると、次第に仕事が楽しくもなりました。

経営者の立場になった今も、女性が子育てと仕事を両立するのはむずかしいと痛感しています。

ゲストハウスの経営だけであれば、そこまで考えなかったかもしれません。運送業に携わったことでより一層女性、とくにシングルマザーのサポートをしたいという気持ちが高まったと思います。

運送業は朝から夜遅くまでの激務で、休憩時間も取れない激悪な環境です。そのうえ男社会の風潮が強いので、女性が意見を言える風通しの良さはありません。

はじめは環境を変えるのは無理だと思っていました。しかし、諦めませんでした。

そんななか、自身が委託している運送会社で、女性が活躍できる仕組みづくりをプレゼンする機会をいただきました。チャンスをいただいたからには、得意な仕組みづくりのノウハウを駆使し、女性が働きやすい環境を今後も整えていきたいと思っています。

ゲストハウスの経営も、思考錯誤でやっているうちに、「自分がよかれと思ってやっているサービスは、お客様へのおしつけでエゴではないのか?」と考えるようになり、お客様のニーズに応えるサービスを心掛けるようになりました。みずからの行動が自分のエゴではなく利他になっているかを考えて行動することが、経営だけではなく日常のなかでも意識すべきことではないかとも思います。

以前、ゲストハウスを利用してくださったお客様から、「私に会えるだけで宿泊した価値がある」というレビューをいただいたことがあります。本当にこの仕事をやって良かったと思えた瞬間であり、「自分のやってきたことは間違いではなかった」と確信した瞬間でもありました。

自分は今まで不幸な経験をしてきたと思うことが幾度とありましたが、今ではすべてが必然であり、「成長するためのプロセスだ」と自分の人生を全肯定できています。

この本を読んでいる方は、もしかすると人生を模索して悶々と悩んでいるかもしれません。

私も同じように過去に悩み苦しみ、もがきながらここまで進んできた一人です。特別な人間だから、裕福な家庭に育ったから、優秀な人材だったから起業できたわけではないのです。ただ、自分のやりたいことを素直に表現し、何があっても諦めなかっただけです。「目の前のことに精一杯取り組んでみる」「できた自分に自信が持てる」「生きていることが楽しくなる」「次のステージに進んでいける」。このスパイラルを楽しんでいるうちに、何かが変わり、チャンスが訪れるかもしれません。

最後になりましたが、息子から「おかんのゴールはどこなん?」と聞かれたことがあります。その時、こう答えました。

「ゴールを目指しているわけではなく、『私らしく』生きているうちに、気づいたらなりたい自分になっている人生であればいい」と。

一見すると意味のないと思えるようなことでも、自分次第で意味のあることに変えていけます。

自分の捉え方次第で人生は今の何十倍も輝くものです。年齢で無理と諦めるのではなく、何歳になっても「やりたい」という思いがあるなら、チャレンジし続けましょう。

Message

あなたへのメッセージ

特別な才能がなくても、
大きなことを成し遂げなくても、
自分の得意なことを活かし、
仕事の幅を少しずつ広げていく。
これもまたクリエイティブな
働き方のひとつであり、
生き方だと思う。
あなたの得意なことは何ですか？

宮脇かおりさんへの
お問合わせはコチラ

CREA ROSE JEWELRY 代表
宝石販売

吉田容子

宝石と出会い
どん底から大きく好転
ご縁に導かれて
次々に願いを叶える
シングルマザーの
逆転人生

Profile

福島県いわき市生まれのシングルマザー。母親が経営する服飾店に従事した後、地元のリゾート施設や宝飾専門店などで接客スキルを磨く。宝飾店で出会った宝石に魅了され、人の人生をより良くするお手伝いがしたいと2016年に起業を決意。最初はレンタルサロンでローズセラピストとして活動。その後、ご縁をつなぎ、2018年12月にいわき市駅前に「守護石ジュエリー CREAROSE」を開業。さらに2023年3月には念願の銀座並木通りに2店舗目をオープン。現在は主に東京、福島、広島でジュエリストの育成と宝石リーディングを行っている。

1日の
スケジュール

Morning

9:00 起床、身支度

12:00 銀座でランチ

13:00 サロンオープン準備後、接客

20:00 帰宅、夕食

21:00 メール返信、スケジュール調整

22:30 就寝

Evening

人生を好転させた宝石との出会い

ジュエリーサロンをオープンして早8年。現在は主に、福島県いわき市と東京都中央区銀座の並木通りの2拠点で活動しています。経営者になった当初は想像もしていなかった素敵なお客様に囲まれ、豊かで幸せな毎日を送っています。そういうと、うらやましがられそうですが、10年前の私は今と真逆の人生を歩んでいました。

人生で一度経験するかしないかの最大のピンチに立たされ、失意のどん底からなかなか這い上がれずにいたのです。

なぜそのような状況下にあったのか、きっかけは2011年3月11日に起きた東日本大震災でした。ご存じのとおり、東北各県が津波による甚大な被害を受け、当時住んでいたいわき市の自宅周辺でも、福島第一原発の爆発事故や、地区によっては津波で家屋のほとんどが流失し、たくさんの犠牲者もでました。勤めていた会社は、建物の一階部分が泥がれきで埋め尽くされ、営業の存続が不可能となりました。従業員は全員解雇。私はシングルマザーで小学生2人を育てながら働いていたのですが、会社でやっと役職をいただき、「さあ、これから!」と意気込んでいた矢先の出来事でした。

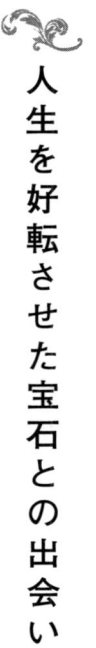

そしてこの震災が、私の精神をも病ませ、重度のうつ状態にさせるという爪痕を残したのです。住み慣れた町の悲惨な光景にいつ死ぬかわからない恐怖と、放射能が人体に及ぼす悪影響への不安とで、私は次第に生きる力を失っていきました。

「これからどう人生を立て直していけばいいのか」、そんな藁にもすがる思いで、気づけば精神世界や心理学の本を手当たり次第に読みあさる毎日を送るようになっていました。今振り返ると、本当に必死でした。

震災から1年が過ぎた頃、ようやく外出できるまでに気持ちが回復し、地元のホテルでパート勤めをし始めました。働いてみるとホテルの仕事はやりがいがあり、人間関係も良好だった一方、体力的には厳しく、時給も８５０円と家族３人が食べていくのに精一杯な状態に。将来子どもが高校や大学に進学することを考えると、今のお給料で生活していくのは到底無理だと言わざるをえませんでした。

そんな時、目に留まったのが宝石店の求人広告です。

宝石への興味が特にあるわけではなかったけれど、給与や保証などの福利厚生が手厚く、何より正社員求人だったため、すぐに転職を決意しました。そしてこの宝石店との出会いこそが、私の人生の大きなターニングポイントになったのです。

宝石に興味を深く惹かれるようになったのは、お店の取引先の社長さんと交わした何気ない会話がきっかけでした。

「君はこれからどうなりたいの？」突然の社長さんからの質問に、「今の自分がイヤで、人生を変えたいと思っています」と答えました。人生に疲れ果て、何とかして状況を変えたいという思いを募らせていたからです。

すると、社長さんが持って来られた商品の一つを指差して、「じゃあこの宝石を持つといいよ。運命が変わるから」とおっしゃったのです。その時は社長さんの言葉に半信半疑だったものの、宝石を持てば運命が変わるのかと希望の光が差し込んだことを今でもよく覚えています。

それからというもの、私は宝石を肌身離さず身につけることにしました。胸元でキラキラ輝く宝石を見るたびに気持ちが前向きに明るくなっていく、そんな風に感じていました。

だからといって、すぐに状況が好転したわけではなく生活は苦しいままでした。正社員なのでパートの時よりも労働時間が長く、子ども達と過ごす時間はますます減っていくのが実情でした。夕食の支度をしなければと急いで自宅に帰ると、サッカーのユニフォームを着たまま疲れ果ててリビングで寝ている息子達に、「お迎えに行けなくてごめんね」と、何度心のなかでつぶやいたことか。本当に申し訳ない気持ちでいっぱいでした。

そんなある日、私は発想の転換を試みることにしました。社長さんに人生が変わると言われたけれど、「宝石を1個買ったくらいで人生が変わるわけないか」と、開き直ってみたのです。

一方で、宝石店で働かなければ、こんな美しい宝石を身につけることはなかったのだから「よし、としよう」、そんな言葉を自分に言い聞かせてもいました。

今思うと、目の前のことに一喜一憂せず、心に余裕を持ったことが功を奏したのかもしれません。

そしてある時、宝石を身につけたお客様の醸し出す雰囲気（私はそれを周波数と言っているのですが）が、ガラッと変わることに気づき始めたのです。

たとえば、宝石を納品しにくる業者さんの場合。キラキラした周波数を放つ宝石を扱っている会社と、そうではない会社の違いをハッキリと感じ取ることができるようになりました。

この頃から、いつか自分が美しいと感じる宝石だけを集めて、お客様の人生をより良く変化させたい。そのために「宝石販売の仕事で開業できたらいいな」と、本気で願うようになっていったのです。

人は逆境に立たされた時が、大きく人生を変えるチャンスです。その壁を乗り越えた時、自分の想像を超えた未来への入り口に立てるのです。

ご縁に導かれて宝石店をオープン

宝石を持つようになってから、私の意識はどんどん開花していきました。再び精神世界の本を読むようになって学びを深めてからは、直感力が鋭くなっていったのです。「自分の未来は自分で創れる」という言葉を本で見かけたのをきっかけに、ますます精神世界を探究するようになりました。

夢を具現化するために自分はどうありたいのか、具体的にイメージすることが大切です。そうすることで、私自身も念願だった、個人で宝石を取り扱う仕事に携わることが実現しました。

とはいえ、いきなり宝石店を始められたわけではありません。実際、開業して最初の1年はレンタルサロンを借りてセラピストとして活動していました。売上がほとんどなく、継続していけるのか不安な日々を過ごしていたのです。

しかし起業して1年を過ぎた頃には、温かい手を差し伸べてくれる起業家の先輩達に恵まれ、なんとか事業を軌道に乗せることができました。特に、資金を貸付してくれた地元の金融機関や、サロンを提供してくれたセラピストの友人達には本当に感謝しかありません。

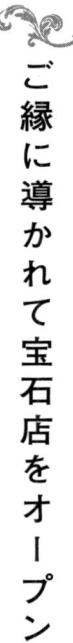

「人は財産なり」と言いますが、まさにそのとおりだと思います。たくさんの人の支えがあってこそ、ビジネスを成長させることができたと痛感しています。その時々、ピンチに陥ると、必ず必要な人が現れて助けてくれる。そんな幸運に恵まれるたびに、自分の人生を信頼できるようになりました。そして信頼は信頼を生み、感謝は感謝を生みだす。人生は本当にシンプルです。

ある時、パワーストーンのお店をしている友人から、オリジナルピアスのプロデュースをしてくれないかとの提案をいただきました。私は願ってもいないチャンスだと感じて、自身がリーディングした天然石を組み合わせたかわいいピアスをたくさん作ってもらいました。それをポップアップショップ（短い期間で開設されるお店）で販売してみたところ、飛ぶように売れたのです。ありがたいことに、今までの3～4倍の売上となりました。この経験が大きな自信に繋がったことは、間違いありません。

しかし、私が本当に販売したいのは、天然石ではなく「宝石」でした。天然石と宝石では効果や作用がまったく違います。

そこで意を決し、手元にある限りの現金を集めて、宝石を仕入れに東京へ行くことにしたのです。もちろん、はじめての試みで、取引してもらえるメーカーさんの当てなどもありません。

そんな状況のなか、足を運んだ先のとあるメーカーさんの店頭で、「パライバトルマリン」という希少石に私の目は釘付けになりました。エメラルドグリーンとブルーの中間色でなんとも言えない美しい色をした宝石です。その宝石の放つ艶やかで清らかな波動に心が引き込まれた私は、時間を忘れてじっと眺めていました。そして、その様子を見たメーカーの方が、「このパライバ綺麗ですよね！　とてもよい石ですよ」と声をかけてくれたのです。このご縁のおかげで、宝石を2点だけですが、仕入れることができました。

この時は飛び跳ねるように嬉しく、宝石を手に入れた翌日には、レンタルサロンにご来店されたお客様へ宝石をお見せしました。そしてなんと「こんな綺麗な石を見たことがない」と、とても気に入って購入を即決してくださったのです。

私はその売上金でまたすぐさま東京へと向かい、同じメーカーさんからジュエリーを再び2点仕入れました。すると、また即完売。その後も資金を集めては幾度となく東京へ向かい、その頃には本格的にジュエリー販売をしたいという意思は固まっていました。

そしてある時、メーカーさんから「委託販売してみない?」と声がかかったのです。いつも宝石を2点仕入れてはいわき市に戻っていく様子を見兼ねて、ご厚意で言ってくださったようです、特別に数点のジュエリーを貸し出してくださることとなり、そのおかげで安定した売上を作れるようになりました。

そこからはまさに晴天の霹靂でした。売上が右肩上がりに伸び、レンタルサロンでの活動から、いわき市駅前に宝石サロンをオープンするまでに至ったのです。

おかげさまで開業当初から、広告は出さずにほぼ100パーセントお客様からの口コミと紹介でビジネスが成り立っています。サロンにはひっきりなしにお客様がご来店くださり、いつも賑わっていました。

もう一つ大きな転機となったのは、知人からの要望により東京でイベントを開催したことです。これがきっかけで、地元以外のお客様も徐々に増え始め、2023年3月に、銀座の並木通りに2店舗目のサロンをオープンする運びとなりました。念願だった東京、しかも憧れの地での活動が本格的に始動したのです。

その後もドライヘッドスパ&ローズセラピー「月のゆりかご」をプロデュースし、2023年8月からサービスを開始いたしました。ご縁で、広島や山口、岡山、島根などで毎月1回イベントも開催し、毎日忙しいですが実り多き充実した時間を過ごしています。

夢を実現するためには、五感をフル活用して「なりたい自分像」を明確にイメージすることが大事です。そうすることで、必要なご縁に導かれます。

内観し続けたことで本質が見えてきた

上手くいかない現実に直面した時、自分の心を内観するために、私はパワースポットに旅します。

それは自分の叶えたい願いを確認するプロセスであり、直感力も冴えるので、必ずビジネスに活かせると考えています。心と体が整い本来の自分に戻ると、「なぜそんなことが気になっていたのだろう」とハッと気づかされます。物事をごちゃごちゃ複雑にしているのは自分であって、本来答えはシンプルです。

そして起こっている出来事はすべて必然であり、何一つ無駄なことなどありません。失敗も成功するためのプロセスです。たとえば、悩んでいることがあって出口が見つからなかったとしたら、今は答えを知るタイミングではないのかもしれません。

また、本当に望んでいることは、時間のロスがあったとしても必ず叶うもの。もし、叶わないとしたら、心の奥底では望んでいないのです。

インターネットの普及により情報量が多いこの時代は、自分軸を見失う要素があふれています。ＳＮＳなどを見ては、「あの人みたいになりたい、すごいと思われたい、認められたい」と思うこともあるでしょう。しかし、そう思う時は、他人軸に傾いている状態です。だからこそ、自分の本質を知り、心と体を整えて心地良く生きる努力をすることが何よりも大切です。

そのためにも、自然体を意識し、違和感を無視しないということを徹底しましょう。

勇気ある一歩を踏み出せれば、誰でも起業できる時代です。しかし、ビジネスを継続し、売上を立てることはむずかしいのが実情ではないでしょうか。物事がスムーズに行かなくなると、モチベーションを保つことさえ容易ではありません。

私の信頼している起業家の先輩は、「忙しくて休んでいないけれど暇より100倍マシ」と口癖のようにおっしゃっていました。その言葉が、ビジネスを続けるうえでの大きな原動力になっています。

もう一つ、ビジネスが停滞して流れが悪い時、軌道修正してなぜそのような事態になっているのか原因を探ります。そうすると、自分の軸がブレていることが原因である場合がほとんどです。

私は宝石との出会いにより、自分が本当にやりたいことを見つけました。そして新しい宝石をいくつかお迎えするたびに、人生のステージが上がり、運命が大きく変わってきたと実感しています。

振り返ると、辛かった日々も含めてすべての経験が、自分のビジネスを作り上げた大切な要素になっています。

どの経験も、どの方とのご縁も、一つでも欠けていたとしたら、今の人生は違うものになっていたことでしょう。


人生は選択の連続です。

「一見すると、失敗したと思える選択こそ必要だった」そう、あとになってわかったのです。

自分を見失った時は、内観して自分の本音に耳を傾けてみましょう。自分のお気に入りの場所やパワースポットに足を運ぶのもおすすめ。直感力が冴え、頭の整理ができます。

心が「ざわっ」と騒ぐことにヒントが隠されている

私の提供する宝石店「CREAROSE JEWELRY」では、売上数値目標は立てません。大まかな目標年商はありますが、あまり数字を意識しすぎないようにしています。

なぜなら会社員時代、数字に追いかけられて毎日本当に辛かった経験をしたからです。それを機に、自分が「嫌だな」と感じることは、必要最小限にするよう心がけています。

一方で、将来の希望、理想、夢は明確にあります。

銀座を歩いていると、一流ブランド店には軒並み行列ができているのを度々目にしてきました。そんな行列を見るたびに、心が「ざわっ」と騒ぐことに気づきました。

なぜ動揺するのか。その原因を探ってみると、まだ行列まではできない自分のお店と比べ、規模や知名度、人気の違いに無力感を感じていたのです。嫉妬することは、ネガティブな感情に思われがちですが、実は奥に隠れている本当の願いに気づくサインでもあります。

たとえば、「CHANEL」だって、100年前にガブリエルシャネルさんが、パリで一軒の帽子屋さんから始めたブランドです。100年かけて世界中から愛される一流ブランドに成長したのですから、自分のブランドも100年かけて、成長させればいいいと思ったらとても楽になったのです。

いつもたくさんの人で賑わっている銀座三越だって、もともとは日本橋にある一軒の呉服屋さんから始まっていると聞いています。

つまり、まだ小さなサロンだとしても、他と比べて自尊心を傷つけなくてもいいわけです。今すべきことは、目の前のことに尽力すること。私の場合は、ブランドイメージをしっかりと確立させて、宝石への想いを次世代へと伝えてゆくことです。

子どもを育てるようにブランドを成長させ、宝石への想いを受け継いでくれるジュエリストさんたちを育てることが、大切な仕事なのだとわかりました。

そして、自分のお店のブランドのファンになってくれた一人ひとりを大切にし、お客様の願いが叶うよう、本気で応援していきたいと思っています。

もしあなたが誰かに嫉妬の気持ちを感じた時は、それはまさに成長のサインなのです。無限の可能性が自分の内側には既にあります。だからこそ、自分の内側に向かって、「どうなりたい？」「どんな人生が理想？」とぜひ問いかけてみてください。

Message

あなたへの
メッセージ

「敬天愛人」
これは、天や自然を尊重し、
人々を愛するということ。
常に周りの人に感謝し、
調和の心で過ごしていると、
想像をはるかに超える
豊かで幸せな人生が待っています。

吉田容子さんへの
お問合わせはコチラ

OPENER Management株式会社 代表取締役
人材コンサルタント業

六本木佳代子

システム開発会社を
起業し、
数々の事業を展開
38年の経営者人生から
学んだマインドと
困難の乗り越え方

Profile

1961年群馬県出身。大学で情報処理工学を学び、卒業後に大手自動車メーカーの電算室に女性ＳＥ1号として採用されるも、退職。その後、システム開発会社を起業し、それ以来38年の経営者人生を送る。現在は、グループの代表取締役会長兼、2018年に沖縄県で設立した企業のＨＲ戦略をサポート。人的資本の数値化を視野に、経営経験38年の経営者視線と、8つのカウンセラー資格を活かし、企業の代表をサポートしながら6社の代表も務めている。

1日の
スケジュール

Morning

5:30 起床、白湯を飲み体調を整える、メールチェックと返信

6:00 シャワー、身支度

6:50 約1時間かけて車通勤。その間、Audibleで聴書

8:00 仕事開始

18:45 退社、Audibleで聴書しながら自宅へ向か

19:50 帰宅、夕食

21:00 仕事

23:00 動画鑑賞しながら入浴

23:30 就寝

Evening

天職は１つだけではない！

人生の大きな分岐点は、受験生だった高校3年生の初夏に父が突然逝去したことでした。父と非常に仲の良かった母は、当時まだ40歳で夫を亡くし、そのショックから半年ほど寝込んでしまいました。私は、体調を崩した母と、小学4年生の妹の世話を一手に引き受け、家事一切をこなしながら大学受験を迎えたのです。結果は、すべての志望校に見事「不合格」。卒業式が終わり、母からのアドバイスで今後の進路を模索するなか、先生から「情報処理工学という新しい分野の二次募集があるけど受けてみない？　向いているかもしれないよ」との提案がありました。その瞬間、「これからの時代に必要な分野になる！」という考えがひらめき、未知の分野に挑戦することを決意し受験しました。すると、なんと「合格」。この大きな進路変更が私の人生を変えることになったのです。

当時はまだＩＴという言葉もなく、インターネットさえ存在しなかった時代でしたが、情報処理工学を学んでみると、きわめて面白くかつ魅力的でした。しかし、大学卒業後に「これが私の天職だ！」と大きな希望を胸に、ＳＥ（システムエンジニア）として採用された就職先では、男女間の不平等賃金という格差が浮き彫りになったのです。

「なんてこった！　自分の努力では解決できない社会の仕組みが存在したのか」と無力さを感じ、やり切れない気持ちで一杯でした。しかし、同時に「できることがあるはず」と考え方を切り替え、日々打開策を熟考し、ある日一つの答えにたどり着きます。それは、「組織のなかで一番スキルの高い人間になろう」ということ。そうすれば何かが変わるはずと考えたのです。思い悩んでいた日々に光が差し込んだ瞬間でした。

しかし、新しいプログラム言語を数多く習得すればするほど、「女の子はそんなに仕事しなくていいよ」という皮肉な言葉を言われ続けていました。この会社には自分の未来はないな、と感じるまでさほど時間はかかりませんでした。当時は転職に対してがまんが足りないというネガティブ評価の時代。ましてや社会の仕組みとの戦いでした。

ある日、ふとひらめいたのが、「ないなら自分で作ればいい！」「せっかくやるなら会社にしよう」という発想でした。しかし、当時はまだ資本金制限があった時代です。有限会社設立のためには最低でも３００万円ほどの資金が必要でした。そこで、資金を集めるために一生懸命仕事をし、昭和61年7月、１社目のシステム開発会社をたった一人で立ち上げたのです。24歳の時でした。

ＩＴ業界は、今でこそデザイン系のＷｅｂ会社であれば女性の代表はいらっしゃいますが、当時はシステム開発会社で女性が代表となるケースはなく、またもや完全なる男性社会のなかで働くことになり、「女に何ができる」「女のくせに」そんな言葉が普通に投げかけられる男社会でした。

その後、システム関連の会社を2社立ち上げ、グループ3社85名を超える社員を抱えた平成19年、6億円をかけ工業団地にセキュリティ完備の本社オフィスを、魂を込め建立しました。

ちょうどその頃、経済成長とともにＩＴ業界は繁忙を極め、これが要因で心の不調を起こす社員の増加は、業界全体の課題となっていました。社内の中からメンタル不調をなくす方法を考えつつも、世の中の大半の企業はメンタルヘルスに対して重要視していない時代です。そこで、メンタル不調者ゼロを目指す取り組みをしようと自らが発案し、「産業カウンセラー」の勉強をする事を決断しました。これが後に、第2の天職と思える仕事との出会いでした。他の男性社長達からは「女の考えることは甘い」とよく言われましたが、資格取得後は全社員に向けたメンタルケアを導入しました。

その結果、人の心のサポートが大きく利益率を上げ、離職率を下げるということが、8年近くの自社の実証実験により証明されたのです。創立30年になる頃には、ＩＴ3社を事業継承し、企業側から経営者視点＋カウンセラー視点で会社をサポートする事業を開始しました。

経営者としての視点と品格

経営者には、客観的に把握する「右脳視点」と、状況を総合的に把握する「左脳視点」が必要不可欠だと考えています。言い換えると、森から木を見る視点です。人はつい目先の出来事（木）に意識が行き、広い視野（森）から見渡せなくなる生き物です。突発的な出来事やネガティブな状況に置かれると、それは顕著に現れます。

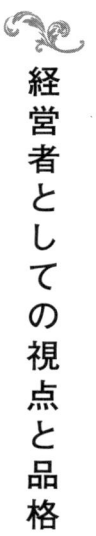

物事は多面的で、どの角度から見たかという「視点」によって事実が大きく変化します。「一方聞いて沙汰するな」の多面的視点で物事を客観視しないと、真相も真実も見えては来ないわけです。

私がこれまで経営者としての人生を歩んでこられたのは、「盛和塾」という故・稲盛和夫氏の教えに支えられています。この経営塾で、経営者としての考え方や生き方を徹底的に教え込まれました。稲盛氏の教えの主軸は、経営者の行動はすべて「人として正しいか正しくないか」を判断基準にするというものです。経営の岐路に立った時の判断の基準は、「私心なかりしか?」です。この問いに真摯に向き合えば、必ず答えは出てくるという教えです。要約すると、自分が今やろうとしていることは人として本当に正しいことなのか、他者のために役立つことなのか、単に注目を浴びたいだけではないかを問い続けることです。私は今でも毎晩就寝前にこの問いかけを行い、みずからを律すると同時に今日も元気に一日を送れた事への感謝の気持ちを抱きながら眠りにつきます。本気の「内省」と「感謝」こそが、明日への道を切り拓く羅針盤だと心から信じています。

経営者はどれだけ努力をして自身を律しても、多くの困難に遭遇してしまいます。傍から見たら順風満帆に見える方々も、心のなかでは多くの悩みを抱えているのが常であり、悩みのない人などいません。そして、悩みには相談できることとできないことがあります。特に、資金繰りや人間関係の悩みは慎重に扱うべきで、話が広まる可能性があります。

人の口には戸が建てられません。実際、若い頃は信頼して相談したにもかかわらず、情報が漏れた経験もしています。そのことで、話すべきことと避けるべきことの判断ができるようになりましたが、一方で、一人で抱える悩みが増えました。だからこそ、経営者には「安心して弱さを打ち明けられる場」が必要です。経験を重ねた経営者の多くは、多方向から問題点を見つめ、思慮深く考える左脳的（物事の筋道を立てて考える能力）な解決手段を持っていらっしゃいます。しかし、どんなに優れた人であっても、悔しい気持ちや「なんで?」と思いたくなるような感情の葛藤が存在します。経営者とはいえ、一人の人間であり、神様ではありません。どんなに多くの経験を積んだ方でも、心のなかの感情がたまる袋は無限ではなく、限られた容量があります。それでも経営者、特に社員を抱える経営者は弱さを見せず歯を食いしばって明るく振舞っているのです。社員やお取引先、お客さまなどに「この会社はダメ？」というレッテルを貼られ、風評被害から倒産の危機に陥ることもある、と理解しているからです。

今の事業を始めようと思ったきっかけの一つは、私自身が体験してきた苦しさや悔しさから得た、「社長には弱音を吐けたり、相談できたりする場を作り、外部に情報が漏れない安心感が必要だ」という思いでした。つまり、ただ聞いて欲しい、理解して欲しい、心のガス抜きができる。そういった「心の深呼吸」ができる安心した場所を作りたいと思ったわけです。四面楚歌を感じないよう心を安定させることこそが、次の一手に踏み出す勇気に繋がると思います。これは経営者だけでなく、すべての人に共通する考え方です。心のモヤモヤを晴らすために、「心の部屋」の空気を変えることが、生活を大きく改善する手段だと信じています。

平成18年5月に、日本の会社法が大幅に改正され、有限会社や株式会社の設立における最低資本金の制限が撤廃されました。それまでは、有限会社が最低300万円、株式会社が最低1000万円の資本金を必要としており、起業のハードルが高かったと言えます。

そしてまさに私が起業したのはその時代であったため、かなりの覚悟と準備が必要でした。

会社法の改正後は事業を起こすチャンスが広がり、日本経済において個々のアイデアや力を「企業」として発揮するハードルが下がりました。これにより、チャンスが掴みやすくなったことは素晴らしいと感じています。

一方、「何かで起業したい」「何ができるか教えてほしい」といった相談を受ける機会が多くなりました。「何かで起業したい」というのは起業が目的であり、起業するための何かを探している状態です。

もちろん、はじめはそこからでも「何か」を見つけ、みずからの核となる事業を発展させることができればいいのですが、統計の数字が示すように、起業から1年後の生存率は72%、3年後には約50%、10年後の生存率はわずか26%となるなど、事業を継続させるのは実際には非常に困難です。

登記をすれば、誰でも会社を設立できる時代です。代表取締役にもなれますし、事業をとおして世のなかに貢献しようとする気持ちは喜ばしいことですが、同時に継続の厳しさを痛感します。

創業して間もない方々、これから起業しようと考えている方々が、思いを込めて一歩踏み出した事業を継続させるためには、自分の芯「経営者の目線」を作ることが大事です。そうすれば、事業が大きく花開いていくことでしょう。

中小企業こそ人の能力にフォーカスする人的資本経営を

2020年8月、アメリカでは上場企業に対して人的資本の情報開示が義務化されました。人的資本というのは、人が持つスキルや知識、ノウハウ、資源など従業員が持つ能力を企業の資本として捉える考え方です。

経営資源を表す4つの要素として、「ヒト・モノ・カネ・情報」がありますが、このなかで唯一資源として自分で成長できるのは「ヒト」です。それ以外の3つは、「ヒト」や人が作った仕組みによって増えたり減ったりするものです。

ですから、自らの意思で変化することができる人の能力が、「含み資産」として期待できると言えるでしょう。

私は8つのカウンセラー資格と、2200人を超える方々のカウンセリング実績を持ち、それらの経験をとおして、人の感情が仕事に及ぼす影響を強く実感せずにいられません。

職場環境に対する不満やイライラ、上司との関係、後輩との関係、セクハラ、モラハラ。

理不尽な人間関係や誤解、嫉妬などもすべてモチベーションの低下に繋がり、人の心を苦しめるだけでなく企業の収益にも大きな影響を及ぼします。

生きていると人は誰しもさまざまな悩みを抱えます。仕事やプライベート問わず、家族やママ友、恋人との関係など、自分を取り巻く環境の変化により望んでいなくとも悩み苦しむ日々があるでしょう。

諸外国では、悩んだ時はカウンセリングを受けるのが当たり前であり、小さい頃から習慣化している国が少なくありません。

しかし、日本ではカウンセリングは心を壊してしまった人が受けるものという固定概念が存在し、よほどでない限り自らカウンセリングを受けようという行動には繋がりません。

現代はストレス社会で、そのなかで生きる人々の心をどうやって和らげるかを突き詰めました。そして悩み抜いた結果、生み出したのが「ブリッジカウンセリング」という手法です。これは、企業側から積極的に社員さんへ歩み寄って定期カウンセリングを行い、日々の相談に乗っていくというものです。

独立行政法人中小企業基盤機構の数値を引用すると、日本の全企業数の99.7%を中小企業が占めています。にもかかわらず、大企業には心のケアをする環境や仕組みが整っていますが、中小企業にはそれが「存在しない」と言っても過言ではありません。

中小企業で働く人々が、少しでも毎日を明るく元気に過ごし仕事に打ち込めたら、企業の実績は伸びて利益が上がり、給与も上がるでしょう。

さらに、給与が上がれば消費が増え、地域の店の売り上げも上がるといったプラスのスパイラルを生み出すと考えています。

そこで、弊社では多くの人々が従事している中小企業で、働く人々の心のケアと人的資本の数値化を行っています。

具体的にはＡＩを活用し、経営者とカウンセラー経験で培った１５３の視点で人の感情を分析。さらに、個人の素養や資質もビックデータから総合的に分析して企業の人の課題を解決し、戦略に繋げていく「ＨＲＳＳ」という仕組みを構築しました。

同時に、一般のカウンセラーを技術職とする地位向上を目的とし、ＤＸの分析技術（デジタル技術を使った情報の収集・解析・活用などの技術）を持つ「ヒューマンキャピタルアドバイザー®」を育成し、多くの中小企業の支援にも注力しています。

ＨＲＳＳを利用した企業の社員様からは、「いつでも気持ちを聞いてもらえて心強い」といった嬉しい感想が寄せられました。

社長さん方からは、「自分の負荷が大きく減った、気持ちが楽になった」「何かあったら直ぐに相談できる場所があるのはありがたい」「経営者視線からのアドバイスがもらえるのは何より助かる」という声を多くいただいています。仕組みを構築して良かったと心から思う瞬間です。

中小企業こそ人に焦点を当て、能力を最大限に引き出す環境を整えることで、大きな成長が期待できます。新たな取り組みや0から1へのアクションは、社員の心を育み、人的資源としての人的資本を築きやすくし、企業の理念を浸透させることができると考えています。

困難の数だけ成長がある、足跡こそ人生の宝物

事業を継続していくことは決して楽なことではなく、多くの山や谷に遭遇します。困難があるからこそ考え、考えるから知恵が生まれるものです。現実の問題に真摯に向き合うことは、机上の空論からは解決できない知恵を生み出し、自らのスキルを向上させることに繋がります。成長には痛みが伴うもの。イモムシが蝶になる際にサナギが膜を破るように、自らの成長においても困難を乗り越える痛みが必要であると思うのです。困難の数だけ脱皮を繰り返すと、時として人との訣別や厳しい心の痛みを伴う決断も迫られるでしょう。しかし、最後までやり抜いた先にこそ、今までとは異なる景色が見えるのだと思うのです。

私自身、決して強い人間ではありません。強くないからこそ、自分が弱いことを知っているからこそ、仲間を大切に考えています。一人でできることはたかが知れています。自分の志は仲間と行うことで何倍もの力となり事業を実現していくことができます。経営者となって今年で38年が過ぎようとしていますが、共に過ごした社員達との日々は、他に代えがたい宝物です。20代の未熟な時から共に困難を共有し遂げてきた仲間達とは、言葉で言い表せない特別な繋がりを感じています。

一方、真摯に事業に取り組んでいると、時としてやっかみや嫉妬を受けることもあります。事業がうまくいけば尚更です。悲しくなることもあるでしょう。そんな時は原点に返り、「何のためにこの事業を起こしたのか」という芯を見つめることが大切です。やっかみを言われないためにやるのではなく、「事業の目的」を達成するために日々があることに留意しましょう。

時間は有限です。その貴重な時間を、自分の足を引っ張る人のために割く必要はありません。うまく行っていると一見すると耳障りの良い「悪魔の囁き」も寄ってきますが、甘い言葉には必ず罠があり「毒薬」が潜んでいる可能性が大きいものです。人を見抜く力を養い、自己目標をしっかりと見極めるには、日々の内省が必要不可欠であると考え、私自身も「おごりの心」を持たないために今も続けています。

芯を持つとは自分らしく生きることです。やらなかったという後悔だけはしたくないと痛切に思います。人は前に進むために、目が前向きについているのですから。

今思うことは、残りの人生で事業をとおしてできる限りの貢献をしたいということです。これまで私を支えてくださったすべての方々、この世に産み出してくれた今は亡き両親、夫や子ども達、仲間達に心から感謝を込めて。

Message

あなたへの
メッセージ

これと信じてやろうとする目標は、
達成するまでやり続ける。
志が私利私欲ではなく、
他の為になる事であるなら
必ず天と地のサポートがあり
苦難を乗り越え、
目標は達成られると私は信じています。
「働くとは、側（はた）を楽にする事だよ」
深い亡き母の言葉が
今も胸にくっきりと刻まれています。

六本木佳代子さんへの
お問合わせはコチラ

エピローグ

最後までお読みいただき、ありがとうございます。

本書に登場する18人の物語から、新たなヒントを得ていただけたでしょうか。

私達の生活は、スマートフォンやＡＩの著しい進化によって非常に便利になり、情報も驚くほど手軽に入るようになりました。

その便利さの裏で、ＳＮＳに映る他人の成功や輝きに圧倒され、自信が持てなくなることもあるでしょう。

そんな時こそ、一度立ち止まり、「わたしらしさ」に目を向けてみてください。

女性がますます活躍できる時代となり、自分らしく生きたいと願う人が増えていますが、一歩踏み出すことをつい後回しにしてしまうこともあります。

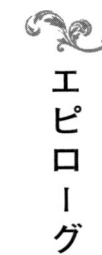

子どもに手がかかるから、家族に反対されたから、才能や資金がないからといった理由で、足を止めてしまうことはありませんか。

しかし、本書に登場した18人の女性達は口を揃えてこう言います。

「すべては自分次第」と。

新しい挑戦をするも、現状を維持するも、どちらが正しいわけではありません。確かなのは、目の前の現実は、自分自身の選択の結果である、ということです。

「こんなはずじゃなかった」

「あの時こうしておけばよかった」

そう嘆いても、過去は変えられません。

ただ、今、この瞬間から「変わる！」と決心すれば、人はいつでも、何歳からでも未来を変えていけるのも事実です。つまり、運命は変えられるのです。

それを、18人の女性達が証明してくれています。

彼女達は、特別な環境やお金持ち、優れた才能があったから起業したわけではありません。

コンプレックスや弱みを抱えながらも、自分の望む道を選び、努力を積み重ねてきたのです。

最初から起業を目指した人ばかりではありませんが、皆、みずから決めた道を信じて、恐れを乗り越え突き進んできました。だからこそ、外側を繕った輝きではなく、内側からあふれる笑顔が素敵なのです。

迷いを捨て、自分らしい生き方を見つけるためのヒントを、この本を通じて得ていただけたら嬉しく思います。

最後に、18人の個性あふれる女性起業家に、心から感謝いたします。

それぞれが歩んできた道のりを包み隠さず語ってくださったことに、深く感動しました。皆様の勇気と覚悟は、読者の心に響き、背中を押す大きな力となるはずです。

これからも、楽しい時、苦しい時、最高に幸せな時、心が折れそうな時、さまざまな場面が訪れるでしょう。

どうぞ、どんな境遇にあっても、くじけず、前を向いて堂々と歩んでください。

さらなる輝かしい未来を心から応援しています。

Rashisa（ラシサ）出版編集部

わたしは「わたし」で生きていく
迷いを捨て一歩踏み出すための 18 のヒント

2024 年 10 月 16 日　初版第 1 刷発行

著者　Rashisa 出版（編）
青山絵美加／安藤祐子／石井恵／一村彩子／植村ゆき絵／大久保美伽／小野望／木下温代
桐生由美子／小宮悦子／志田さおり／鈴木香葉子／瀬良田尚美／一木里美／水口智恵美／
宮脇かおり／吉田容子／六本木佳代子

発行者　Greenman
編集・ライター　渡邊真理子／加藤道子
ブックデザイン　二ノ宮匡

発行所：Rashisa 出版（Team Power Creators 株式会社内）
〒 558-0013 大阪府大阪市住吉区我孫子東 2-10-9-4F
TEL：03-5464-3516

発　売：株式会社メディアパル（共同出版者・流通責任者）
〒 162-8710 東京都新宿区東五軒町 6-24
TEL：03-5261-1171

印刷・製本所：株式会社堀内印刷所

ISBN コード：978-4-8021-3479-8
C コード :C0034